記憶の深層

―〈ひらめき〉はどこから来るのか

高橋雅延
Masanobu Takahashi

Eurus
Notus
Boreas
Zephyrus

岩波新書
2025

はじめに

記憶がいらなくなる時代

二一世紀もすでに四半世紀が過ぎようとする現在(二〇二四年)、いわゆる人工知能(ＡＩ)の情報処理能力は、すさまじい勢いで伸び続けています。このような状況を受けて、シンギュラリティ(技術的特異点)ということばが、話題になることも多くなっています。ＡＩの知能が人間の知能に追いつき、いずれ追い越すだろうという予想のことです。本書を執筆している時点でも、これまで人間がたずさわっていた仕事の現場に多くのＡＩが導入されていますし、今後、人間の仕事のほとんどがＡＩに取って代わられるとも言われています。私たちの生活のすみずみにまでＡＩが入り込む近未来には、人間の生活はいったいどのようなものになるのか想像もつきません。

なかでも、本書のテーマである記憶は、ＡＩがもっとも得意とする分野です。ＡＩの場合、どれだけ膨大な量の情報であっても、そのままの形で完璧に蓄えることができます。しかも、たとえ何年たっても好きなときにもとのままの形で引き出すことができます。これに対して、人間が覚えることのできる情報量はＡＩの足もとにも及びません。たとえば、誰もが学校のテストで経験するように、苦労の末、たとえ何とか暗記できたとしても、テストの翌日にはほとんど忘れてしまっていたのではないでしょうか。そんな私たち人間とＡＩの決定的な違いは、私たち人間の記憶力の貧弱さです。たとえば、学校の授業や職場などで同じ話を何人かの人間が聞いた場合、その直後であっても各人が覚えている内容は一人一人バラバラで不正確なものが多く、もとの内容とは似ても似つかない形で思い出されたりします。この記憶の不正確さが、人間社会の数多くのトラブルのもとになるということには、誰もが思い当たるふしがあるはずです。言うまでもなく、ＡＩにはこのような記憶の不正確さといったことは起こり得ません。

このような私たち人間の記憶力の貧弱さから考えれば、記憶についてはすべてＡＩに任せてしまって、私たち人間は記憶からの解放を目指したくなります。実際、今では誰もがスマートフォン(スマホ)を所有し、うろ覚えのことやわからないことはすぐにインターネットで検索して簡単に調べることができます。また、各種イベントの開始時刻や病院の予約時間といった予定なども、スマホに覚えさせることがふつうになりつつあります。さらに、日々の出来事や旅行先での思い出といったものさえ、スマホを使えば写真はもとより動画として正確に記録しておくことも手軽にできるようになっています。それどころか、ライフログという名前で知られているように、個人の全人生を完璧な形で記録することすら可能です。ビジネスの現場で業務の外部委託を意味するアウトソーシングという用語を使うのならば、このような状況は記憶のアウトソーシングと呼ぶことができます。今後、この記憶のアウトソーシングの度合いがますます加速されていくのは間違いないでしょう。

記憶は創造性の基礎

これまでは、学校のなかであれ職場のなかであれ、少しでも多くの知識を自分の内部に記憶として蓄えることに価値が置かれてきました。そのため、人よりも多くの知識をもった者が、さまざまな場面で有利となり活躍できる場も多かったのではないでしょうか。けれども、記憶のアウトソーシング社会では、そのような知識の大部分はインターネットをはじめとした外部の世界に蓄えられるようになり、誰もがそれらを自由に利用できるようになるはずです。そうなると、今までのような個人の内部に蓄えられる知識の多い少ないは、もはや価値をもたなくなるように思うかもしれません。

はたして本当にそうなのでしょうか。誰もが記憶のアウトソーシングに依存する社会になれば逆説的に聞こえるかもしれませんが、そのときこそ個人の内部に知識として蓄積された記憶がいっそう重要なものになります。誰もが認める創造性あふれる天才画家であったパブロ・ピカソの有名なことばに、「コンピュータは役に立たない。コンピュータが与えてくれるのは答えだけだ」というのがあります。この「コンピュータ」ということばの代わりに「記憶のアウトソーシング」を入れて、「記憶のアウトソーシングは役に立たない。記憶のアウトソーシングが与えてくれるのは答えだけだ」とすれば、記憶のアウトソーシングだけに依存する問題点が浮き彫りになるのではないでしょうか。そもそも個人の内部に蓄積される記憶は、個人ごとに量的にも質的にもまったく異なっているものなのです。そして、これらの記憶こそが私たち一人一人の個性を作り上げ、さらには創造性の基礎になるというのが本書の立場です。

ここで改めて書くまでもなく、他人とは異なる思考様式に支えられた創造性の重要性は、芸術や科学の世界だけではなくビジネスや教育の世界でも繰り返し言われ続けてきたことです。けれども、しばしば誤解されるのは創造性がまったく何もないゼロの状態から突如として湧き上がってくるというものです。たとえば、独創的な映画作品を数多く創り出し、世界中の映画界に大きな影響を与えた黒澤明は、次のように創造性の基礎として記憶というものを考えています。すなわち「何もないところからものを創り出していると思っているのは、人間の驕《おご》りだよ。生まれてから今までのどこかで、耳にし、目にした何かが、知らず知らずに入り込んだ記憶が、何かの切っ掛けで呼び覚まされて動き出す。そうやって、創造していくんだと思うよ」と黒澤は言っているのです。このように、個人の内部に蓄積された記憶と創造性の関係については、本書の第5章で詳しく述べますが、ここでは卓越した創造性を示した一人の人物を引き合いに出すことで、記憶と創造性が密接に関連し合っていることを確認しておきましょう。

一部の専門家以外には、あまり知られていませんが、かつて南方熊楠《みなかたくまぐす》という人物がいました。熊楠は時代が幕末から明治に変わる混乱期(一八六七年)に生を受け、日本という国が破局に向かう太平洋戦争開戦の年(一九四一年)にこの世を去りました。いわゆる文豪と呼ばれる夏目漱石と同年に生まれた熊楠は、一七歳で当時の東京大学予備門に漱石の同期として入学したものの、一年で落第しました。その後は、終生どこの大学に所属することもなくひたすら自分の興味を徹底的に追求しながら、科学界の最高峰の学術英文雑誌である『ネイチャー』に五〇篇あまりの論文を寄稿しています。熊楠は日本の民俗学の創始者の一人でもあり、それだけにとどまらず粘菌研究の世界的博物学者でもあり、故郷の自然保護にも努めました。熊楠の痛快かつ破天荒な生き方は、それ自体がとても面白いのですが、ここでは、その超人的な記憶力のエピソードを一つだけ紹介することとします。幼い頃から本を読むのが好きだった熊楠は、一〇歳にもならない頃、今で言う絵入りの百科事典である『和漢三才図会』という書物(全一〇五巻)

に強い興味をいだきました。そこで、熊楠は、知人宅にあった『和漢三才図会』を少しずつ読んでは暗記し、それを帰宅後に絵も含めて書き記すことを繰り返し、三年で全巻を読破したのです。このエピソードには多少の誇張もあるようですが、自慢の記憶力を駆使して膨大な書物を読んで知識を増やしたのは間違いなさそうです。熊楠は、ほぼ独学で英語、ドイツ語、フランス語はもとよりラテン語、ギリシア語など一〇カ国語近くの言語をマスターし、文字通り古今東西の膨大な書物に目を通し、それらを記憶に蓄え博覧強記を誇りました。そしてこの内部に蓄えられた記憶を意識的・無意識的に活用して、「南方マンダラ」と呼ばれる独創的な仏教的世界観を提唱したのです。この熊楠の例からもわかるように、創造性は何もないところから生まれるのではなく、個人の内部に蓄積された記憶が必要不可欠なのです。

歳をとっても記憶力は伸びる?!

ここまでの話で、創造性の基礎に記憶が関与しているということがわかっていただけたと思います。しかし、世のなかの実に多くの人びとは記憶するのが苦手だとか、たとえ覚えてもすぐに忘れてしまうと嘆いています。とりわけ高齢になるにつれて記憶力は衰えるものだと思っている方は老若男女ともに多いのではないでしょうか。

一九四五年(昭和二〇年)生まれの原口證《あきら》さんは、いわゆる後期高齢者です。ふだんの原口さんは駄洒落好きで、何かと冗談を口にしては、まわりの者を笑わせることを楽しんでいます。そんな原口さんですが、実はその年齢からは想像もできないような世界記録をもっているのです。それは六〇歳のとき(二〇〇六年一〇月)に、円周率一〇万桁を一六時間二八分かけて暗唱したという記録です。しかも、驚くのはその後も記録を伸ばし、六四歳のとき(二〇一〇年六月)にはこの世界記録を一〇万一〇三一桁に更新し、七八歳の現在一一万一六〇〇桁とし、一二万桁を目指して挑戦中なのです。言うまでもなく、円周率とは無限に続く数字の無意味な羅列です。いったい一〇万桁を越える無意味な数字を覚えることができるという並外れた記憶力の秘密はどこにあるのでしょうか。

おそらく多くの方は、原口さんが私たちとは異なり、生まれつき超人的な記憶力の才能をもっているのだと思うのではないでしょうか。あるいはまた、もし才能でないとすれば何か常人の計り知れない特殊な記憶テクニックを使っているのだと考えるかもしれません。生まれつきの才能にしろ特殊な記憶テクニックにしろ、いずれも原口さんが私たちとはまったく異なる特殊な人間にちがいないと決めつける点で両者は一致しています。

私は原口さんが一〇万桁の暗唱記録を達成した二〇〇六年以降、長年にわたって親交を深めながら、その卓越した記憶力についてさまざまな角度から研究を続けてきました。これらの研究成果の詳しいことは本文で述べますが、原口さんは超人的な記憶力の才能のもち主でもなければ、特殊な記憶テクニックを使っているわけでもありません。原口さんは、私たちとは異なる特殊な人間ではないのです。これから本文で述べるように、心理学で解明されてきた記憶の原理に忠実にしたがっているだけなのです。だからこそ、この記憶の原理を知れば私たちの誰もが卓越した記憶力とそれに根づいた創造性を手に入れることができるのです。

マイナスの思い込みを捨てる

とりわけ、ここで注目していただきたいのは原口さんの年齢です。一般に、世間では「歳をとれば記憶力は衰えるものだ」と考えられています。しかし、原口さんの場合は歳をとっても記憶力が衰えないばかりか向上すら見られるのです。実際、私が原口さんと親交を深めるなかでもっとも印象に残っているのは、原口さんにはこのようなマイナスの思い込み(マインド・セットと言われます)がまったく見られないということです。世間に流布している「歳をとれば記憶力は衰えるものだ」というマインド・セットが、本来誰もがもっている記憶力の発現の妨げになっているのです。とは言っても、マインド・セットを変えるだけで記憶力が良くなるなどとは多くの人にとって信じられないことだと思います。

けれども、スポーツの世界に目を向ければ、マインド・セットのもつ計り知れない影響力について納得できるのではないでしょうか。たとえば、マラソンの世界記録、一〇〇メートル走の世界記録などには、しばしば誰もが超えられないと思われる時間の壁が存在してきました。ところが、誰か一人がこの時間の壁を破り選手間に共有されていたマイナスのマインド・セットが打ち壊されると、なだれを打って記録が伸びはじめることが知られています。なかでも、一九五四年五月六日に行われた一マイル(約一六〇九メートル)走は世界の陸上競技において誰もが忘れられない出来事になりました。それまでの一マイル走では誰一人として四分という時間の壁を破ることができず、人間には四分の壁を破るのは不可能だと思われていました。ところが、その日イギリスのロジャー・バニスターが三分五九秒四の記録をたたき出したのです。そして、この日以降四分の壁を破る選手が続出したのです。

この例のように、一マイル走で四分を切ることは絶対に不可能だというマイナスのマインド・セットが、人間は四分を切ることができるというプラスのマインド・セットに変わったことで、記録は伸び続けているのです(ちなみに、現在の世界記録は三分四三秒一三です)。

こうしたマインド・セットの効果は、ピカソの別の名言の一つ、「できると思えばできる、できないと思えばできない。これは、ゆるぎない絶対的な法則である」を裏づけています。こうして、記憶力に関するマイナスのマインド・セットを取り除いたうえで、記憶の原理を知れば、年齢にかかわりなく私たちの誰もが円周率一〇万桁の暗唱記録を打ち立てることも夢ではないのです。

記憶の深みへ

二二歳の大学院の入学から研究者生活が始まるとすれば、私の場合、四二年間にわたって、人間の記憶について心理学の立場から研究を積み重ねてきたことになります。この研究活動と並行して二六歳で初めて大学の教壇に非常勤として立って以来、数多くの大学生や時には講演などで社会人の方々に、人間の記憶や心理学全般について三八年にわたり教えてきました。そのなかで、いつも驚かされたのは、私たち記憶研究者の常識がまったく知られていないということでした。

そうした常識の隔たりは、今なお変わっていません。むしろ、誰もが気楽に発信できるSNSの影響からか、隔たりは大きくなっていると感じます。もちろん、SNSに有用な情報がないわけではありませんが、私たち専門家から見れば何の科学的エビデンスもない偏りの多い間違った情報であふれかえっています。日本人なら誰もが知っているマンガ『ドラえもん』に、アンキパンという道具のエピソードがあります。覚えたいことがらをアンキパンに写して、それを食べれば完璧に暗記できるという夢のような話です。SNSにあふれる情報や、書店に並ぶ派手な体裁の記憶関連の書籍は、言ってみればこのアンキパンと同じ効果を根拠もなくうたっているわけです。

本書は五つの章から成り立っています。第1章では私たちの記憶の特徴として意味のあるものしか覚えることができないこと、そしてこの特徴を活かした意味づけの重要性について解説します。第2章では、集中することがどれほど大切かについて、SNSやマルチタスクの問題点も明らかにしながら、ワーキングメモリと呼ばれる一時的な記憶のはたらきについて説明します。第3章では、イメージを使って記憶したいことがらを構造化し、互いに関連づけることについて述べます。第4章では、一般にはほとんど知られていない記憶のアウトプットを利用した覚え方の絶大なパワーをとりあげます。そして、第5章では、無意識の記憶について考え、創造性の基礎にあるひらめきと連想の関係について明らかにしたいと思います。

記憶とは自分の意のままにならないものです。その最大の理由は私たちが記憶のメカニズムのごく表面的なことしか知らず、その深層を理解できていないからなのです。本書を読んでもアンキパンのような即効性を期待することはできません。その代わり、みなさんは科学的エビデンスに支えられた記憶の原理と向き合い、自分の経験と照らし合わせて驚愕することになるはずです。ドイツのロマン主義の詩人であり小説家であり科学にも造詣の深かったゲーテは、「世界は粥《かゆ》で造られてはいない。堅いものは嚙まねばならない。喉がつまるか消化するか、二つに一つだ」ということばを残しています。本書の内容には堅いところもあるかもしれません。けれども、少し嚙んでもらえれば喉につまることなく必ず消化できるはずです。こうして、記憶のメカニズムへ深く分け入っていくことで、誰もが創造性の根源に行き着くのです。

目　次

目　次

図版製作＝前田茂実

第1章

意味づけの効用

記憶や暗記と聞くと、おそらく誰もが真っ先に思い浮かべるのは、学校のテストで覚えるために苦労したことではないでしょうか。なかでも、「一夜漬け」ということばで表現されるように、テストにそなえて意味もよくわからないまま丸暗記し、テストが終わるときれいさっぱり忘れてしまったという経験をした方は少なくないと思います。このように丸暗記が記憶として定着しないことは、心理学から見て当然の理由があります。

まず、意外に見落とされがちなことは、一言で「記憶」と言ってもそこには種類があるということです。誰もがすぐに納得するのは頭の記憶と体の記憶の違いでしょう。おおざっぱに言って、頭の記憶とは「夏目漱石は『明暗』の作者である」とか「大政奉還は一八六七年である」などといった事実やことがらに関する記憶です。学校のテストなどで求められるのはほとんどがこの種の記憶です。もう一つの体の記憶とは「自転車の乗り方」や「バレーボールのサーブの打ち方」などの体を使った方法や技術に関する記憶のことを言います。

この二種類の記憶以外に、個人の思い出のように自分が体験した出来事に関する記憶もあります。この体験の記憶は感情が深く関与しているという特徴がありますが、それ以外の点では頭の記憶と同じような性質をもっていますので、本書ではあまり触れないことにします。

頭の記憶は、「一夜漬け」の経験からわかるように、集中すれば比較的短時間でかなりの量を覚えることができますが、そのまま放っておくとすぐに忘れてしまうのがふつうです。これに対して、体の記憶は自転車の練習の体験からもわかるように、何度もひたすら繰り返さないと覚えられませんが、一度覚えるとまず忘れることはありません。これが「昔取った杵柄《きねづか》」という言い回しにつながっています。ただし、このような体の記憶の忘れにくさという特徴のため、スポーツなどで最初に変なクセがつくとなかなかそれを修正できないということが起こります。一方、頭の記憶は間違ったことがらを覚えてしまっても、比較的容易に修正できます。別のことばを使えば、頭の記憶は固定しているのではなく、ゆらぎをもっているということなのです。もう一つ、体の記憶が頭の記憶と大きく異なっているのは、ことばだけで伝えるのが難しいということです。このことは、何であれ体の記憶を初心者に教える際の苦労を思い出せば納得できると思います。

これらのことからわかるように、私たちが目指したい頭の記憶とは、時間が経っても覚えている記憶ということになります。この章では、こうした知識として定着する頭の記憶をどうやって作り上げればよいかについて考えていきます。

1　人間は意味を求めてしまう

インクのシミに意味を見いだす

まず、図1-1を見てください。これは単なるインクのシミです。特別に何かを表現しているわけではありませんが、いったい何に見えるでしょうか。今から一〇〇年近くまえ（一九三二年）、記憶に与える社会や文化の影響を調べていたイギリスの心理学者フレデリック・バートレットは、このような図形をさまざまな人に見せて何が見えるかを聞いてみました。そこで得られた回答は、次のように実に多彩なものでした（1-1）。

「怒った婦人が安楽椅子に腰掛けている男に話しかけているところ、それと松葉杖」「クマの首と水にうつった自分の姿をみているメンドリ」「怒った教区の小役人が床に跡を残して侵入してきたビーバーを追い出しているところ」「フットボールをけっている男」「湖と小さな緑の牧草地」「若木のうしろに立っているかかし」「かえったばかりの小さなヤマウズラ」「動物の絵とドイツの菓子」「立ちのぼっていく煙」

バートレットは、あいまいな刺激を使った類似の実験を数多くおこないました。それらの実験から明らかになったことは、誰に命じられたわけでもないにもかかわらず、誰もが自然に「意味」を求めてしまうという人間の本質的な特徴でした。

また、これらの回答例からもわかるように、同一の対象に対して見いだされる「意味」には実に大きな個性が認められ、これらは各人の過去経験の違いにもとづいていることも推察されました。しかも、個人内でも次々と新しい経験が積み重ねられていくのですから、「意味」というものも、けっして固定したものではなく変化するというのがバートレットの立場でした。さらに、バートレットは記憶そのものもまた変化し続けると考えていました。

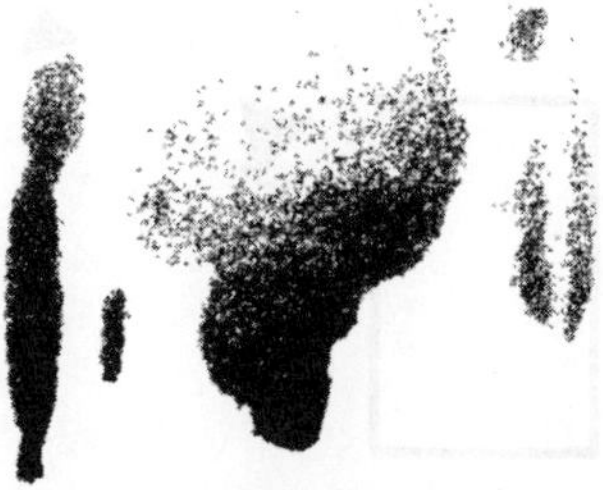

図1-1　何に見える？
(Bartlett, 1932)〔1-1〕

このような主張のエビデンスが、彼自身のおこなった別の実験結果です。大学生に理解しにくいストーリーを覚えさせて時間をおいて何度か思い出させると、そのたびごとに各自のもっている知識に応じて理解しやすいように変形され、最終的にはもとのストーリーとはまったく異なるものが生み出されていたのです。

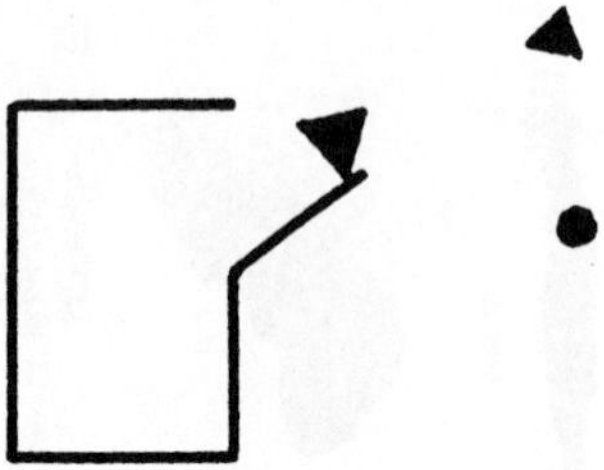

図1-2　大きな三角形と小さな三角形と円が四角形のなかに出入りする映像の1コマ（Heider & Simmel, 1944）〔1-2〕

図形の動きにも意味を感じる

もう一つ例を見てみましょう。図1-2は長さ一分半ほどの映像フィルムの一コマです。大きな三角形が四角形のなかに入り、そこから出たところで、小さな三角形とぶつかり、その間に、別の小さな円が四角形のなかに入るといったような動きをします。とても有名な実験ですので、「An experimental study of apparent behavior」と検索すれば実際の映像を見ることができます。このような何の変哲もない幾何学図形の動きにすら、先のインクのシミを見たときと同様に、私たちは意味を感じてしまいます。簡潔に紹介しましょう〔1-2〕。

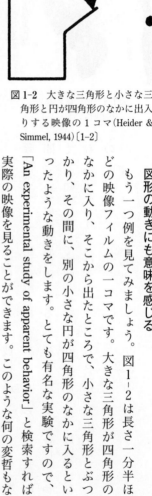

この実験に参加した二〇人のなかで一人だけが「大きな三角形」や「小さな三角形」などの幾何学的な説明をしましたが、残りの一九人は全員がこの動きに人間のさまざまな活動を読み取ったのです。たとえば、この幾何学図形の動きを見たある女子学生は次のような意味を読み取りました。

「ある男がもう一人の男と一緒に、女性に会いに行こうと思いたった。そこで一番目の男が二番目の男に一緒に行こうと言ったところ、もう一人の男はうなずいた。そのあと、二人の男はけんかを始めたので、女性は二人を部屋に入れるかどうか迷ったが、結局、部屋に入れた。どうやら彼女は一番目の男には会いたくないようだった。一番目の男は女性を追いかけて部屋に入っていった。取り残された二番目の弱い男は部屋の外の壁にもたれかかっていた。部屋にいた女性は不安になって部屋の片隅に走り寄った。一番目の男はしばらく黙っていたあと、何度か彼女に近づこうとした。けれども、彼女はその場から逃げて、ちょうど二番目の男が開けてくれようとしたドアに走り寄った。〔以下略〕」（筆者訳）

このように、私たちはまわりの世界に必ず何らかの意味を求めてしまう生き物なのです。この女子学生の例からもわかるように、意味ということばにはいわゆる起承転結のあるストーリーも含まれます。しかも、近年の研究からは、生後六カ月の赤ちゃんでさえ二つの幾何学図形（目のような模様が付いているので人の顔のように見えます）の動きのなかに意味を求める傾向のあることが明らかにされています。

そもそも私たちが意味を求める生き物であるという理由は、そのような心のはたらき方を祖先から受け継いできたからだと考えることができます。おそらく太古の人類は、肉食の猛獣たちに囲まれ、いつ襲われるかビクビクしながら、めったに見つからない食べ物を必死になって探すような毎日を送っていたことでしょう。そんなギリギリの生活を生き延びるために絶対に必要な能力こそが、まわりの状況が危険なのか安全なのかその意味を知るということだったはずです。このような意味を知ることができた祖先たちだけが生き残ることができて現在に至っているのです。このように、現代の私たちの心のはたらき方が、長い進化のなかで獲得されてきたという考え方は、進化心理学と呼ばれるものです。

いずれにしても、ここまで述べてきたことから、みなさんに最初に知っていただきたいことは、意味もわからないままに丸暗記を強いられるという状況の不自然さです。つまり、丸暗記は、AIなら何の問題もないことなのでしょうが、あらゆるものに意味を求めるという私たちの人間の心のはたらきに反しているのです。

2　意味と記憶の関係

意味があると覚えやすい？

誰もがその名前を知っているドイツの哲学者のイマヌエル・カントは、一八世紀の末に科学の成立には数量化と実験の二つが必須だが、心を対象とする科学にはいずれも不可能なので心の科学などは生まれようがないと主張していました。このカントの指摘する問題点を克服して、現在のように心の法則の解明を目指す心理学という科学が成立したのは、一九世紀後半のドイツにおいてでした。

そんな心理学の成立するまえの一八世紀後半のドイツに、そのカントと親しかったゲオルク・クリストフ・リヒテンベルクというドイツ人の物理学者がいました。彼は同じドイツ人の文学者のゲーテとも親しくしていました。しかし、リヒテンベルクの名前が有名になったのは、死後に発見された誰にも見せる予定のなかった『雑記帳』に日々感じたことや考えたことなどを書きためていたからです。そこに書かれていた鋭い人間観察と辛辣さは、私が学生時代に強く影響を受けた一七世紀フランスのモラリストであるラ・ロシュフコーのことば(たとえば、他人を褒めるのは自分の見識の自慢など)とも共通するものが数多くあり、いずれも人生の指針になるものばかりです。

このリヒテンベルクの『雑記帳』のなかには、記憶に関する記述もあります。そこには、すばらしい演説や詩は暗記しやすいが、無意味に結合されたことばや外国語の演説を暗記するのは難しいことが引き合いに出されたうえで、記憶に定着させるためには意味が重要であると記されています。

このリヒテンベルクの考え方は、誰もが実感としてよくわかるはずです。しかし、いわゆるエビデンスにもとづいた一般的な法則を解明しようという心理学では、何らかの実験と数量化によって調べることが必要になります。そこで、このリヒテンベルクによる記憶に関する主張を「意味のないものは記憶が難しい」という部分と「意味のあるものは記憶に定着しやすい」という部分に分けて、この順番に考えてみましょう。

意味のないものは記憶しにくい

まず「意味のないものは記憶が難しい」という主張を調べるためにはどうすればいいでしょうか。まっさきに問題になるのは「意味のないもの」をどうやって用意すればいいかということです。すでに見たように、私たち人間は何にでも意味を感じ取りその意味の感じ方は各自の過去経験によって異なってしまいます。つまり、ある人にとって「意味のないもの」であっても別の人にとっては「意味のあるもの」になってしまうことが起こるのです。この点は「意味のない」記憶について研究する際に、とても大きな障害になります。

この障害を独創的な方法で解決したのが、一九世紀後半のドイツの心理学者であったヘルマン・エビングハウスでした。エビングハウスは世界で初めて記憶の実験をおこなったことで歴史に名をとどめています(1-3)。彼はまず誰もが意味を感じない材料を作ることから始めました。たとえば「WUX」や「TAJ」といった文字の綴りです(日本語なら「ムイケ」や「ヌサミ」などがそうでしょう)。これらはまったく「意味のない」綴りなので無意味綴りと呼ばれます。エビングハウスは、これらの無意味綴りを苦労して二三〇〇個も作りあげ、「意味のない」記憶を調べる準備をととのえました。次に、これらの無意味綴りを一〇〜三六個ずつにまとめ、それぞれのまとまりを完全に暗記できるまで一定の単調なペースで声に出して繰り返したのです。そして、覚えた直後から一カ月後までのさまざまな時間の経過後にどの程度覚えているかを自らテストしてみました。

エビングハウスのテスト方法は、再学習と呼ばれる少し変わったテストでした。そのテストとは、覚えた(学習した)無意味綴りのまとまりをもう一度用意して、それを再度、完全に暗唱できるようになるまで繰り返すというものです。そして、二回目に暗唱できるまでにかかった時間と一回目に覚えるまでにかかった時間との比率を算出することで、自分のなかに残っていた記憶の量を調べたのです。たとえば一回目の記憶(学習)の際に六〇〇秒かかっていたのが二回目のテスト(再学習)の際には三〇〇秒ですんだとすれば、もとの記憶が五〇%残っていた(五〇%節約できた)と考えたのです。逆に言えば、覚えたことの半分は意味のないことがらとして忘れ去られたと考えたのです。

このようにして、テストまでのさまざまな時間ごとに、残っていた記憶量の割合を示したのが図1-3です。エビングハウスという名前は知らなくても、雑誌か何かで一度や二度この図を見たことのある方が少なくないと思います。

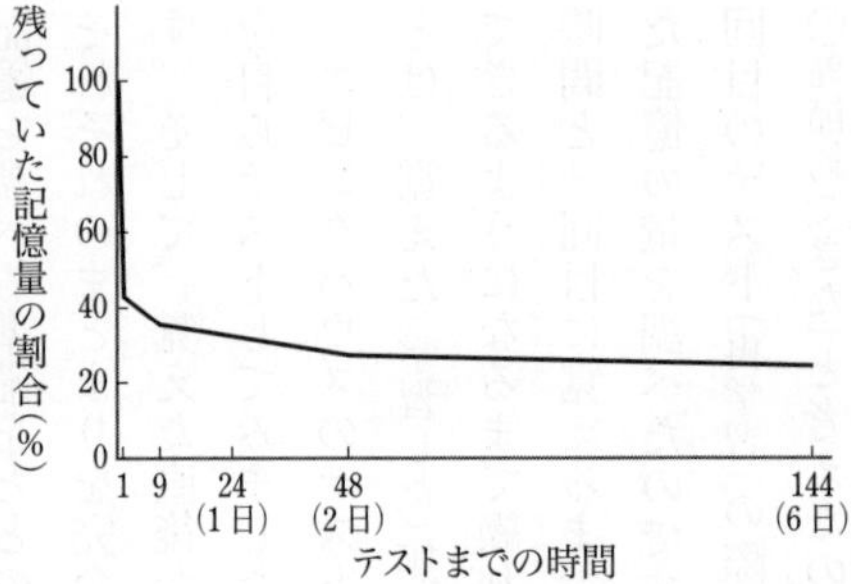

図1-3　エビングハウスによる無意味綴りの忘却のようす(Ebbinghaus, 1885)〔1-3〕

この図の縦軸には記憶の残量が、横軸には覚えてからテストまでの経過時間(ここでは直後から六日間)がそれぞれ示されています。この図からわかるように、まったく「意味のない」ことがらはわずか一時間で半分以上の五六%が忘れ去られ、二四時間後(一日後)には三〇%程度しか思い出せなくなってしまうのです。このとき、直線的に忘却が起こるのではなく、二四時間以降は忘却がほとんど進まないので忘却直線ではなく忘却曲線と呼ばれています。

この実験結果は私たちの「一夜漬け」の経験と一致して、確かに「意味のないものは記憶が難しい」(たとえ覚えてもすぐに忘れてしまう)ことを客観的に納得のいく形で示しています。

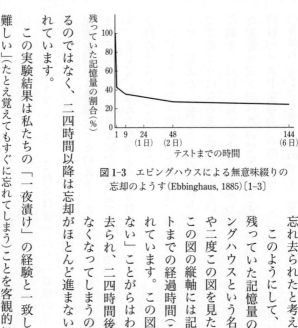

意味のあるものは記憶しやすい

次に「意味のあるものは記憶に定着しやすい」という主張について調べた研究を見てみましょう。図1-4は私が大学生を対象におこなった実験で使った三〇枚の絵の一例です。この絵はアメリカで人気のあるドルードルという絵解き遊びから集めてきたものです。実験では記憶テストであるとは言わずに、このような絵を一〇秒間に一枚ずつ次々に見せていきました。その際、あるグループの協力者六二人には、単に絵の面白さを五点満点で判定するようにと告げて図1-4のような絵だけを見せました。これに対して、別のグループの協力者五七人には図1-4なら「決死の覚悟でカミソリの刃を乗り越えるミミズ」というように絵の意味がわかる説明を付けたうえで絵の面白さを判定してもらいました。

図1-4　実験で使用した絵の例

すぐに予想がつくと思いますが、説明の付けられていない絵は意味がわからないために面白くもなんともないので、面白さの平均点は五点満点で一・五点と低いものでした。これに対して、意味がわかる説明の付けられた絵の面白さの平均点は三・九点と高い数値になっていました。

こうして三〇枚の絵を見せたあとに、抜き打ちテストとして、どちらのグループにも自分が見た絵をできるだけたくさん思い出して描いてもらいました。採点の際には、もとの絵と大ざっぱに同じであれば多少の脱落や変化は許容しました。すると、意味のわからない絵だけを見せられたグループが思い出せた枚数の平均は、三〇枚中九・八枚（正答率三三％）でした。一方、意味のわかるような説明付きの絵を見せられたグループの平均は、一五・二枚（正答率五一％）だったのです。この実験では「記憶しなければならない」という心構えがないにもかかわらず、意味のわかる絵の記憶が良い、つまり「意味のあるものは記憶に定着しやすい」ということが実証されたわけです。

この実験は抜き打ちテストでしたが、今度は「あとで記憶のテストがあるので、しっかりと覚えるように」と告げられた状況で「意味のあるものは記憶に定着しやすい」ことを調べた別の実験を見てみましょう〔1-4〕。この実験で使われた文章は次のようなものでした。

「手順は実に簡単である。まず、ものをいくつかの山に分ける。もちろん、全体の量によってはひとかたまりのままでもよい。設備がないためにどこかほかの場所に行かなければならないのなら、それは次の段階であり、そうでなければ準備はかなりととのったことになる。大事なことは一回にあまり多くやらないことである。一回に多くやりすぎるよりも少なすぎると思われるくらいのほうがよい。目先だけのことを考えるとこのような点に注意する重要性はわからないかもしれないが、そうしないと面倒なことになってしまう。失敗によってお金が高くつくこともある。最初、手順全体はややこしいように思われるかもしれないが、すぐにこれも生活の一部にすぎなくなるはずである。近い将来にこの作業の必要性がなくなるとは考えにくいが、かといってどうなるかは誰にもわからない。」(筆者訳)

表1-1　グループごとのわかりやすさの判定と思い出せた分量の平均

	グループA	グループB
わかりやすさ(7点満点)	3.4	**5.3**
思い出せた分量(18点満点)	3.3(18%)	**7.0**(39%)

この文章には何一つ難しいことばは使われていません。けれども、おそらく多くの方が、いったい何を言っているのかよくわからないし、覚えるのも難しそうだと感じたのではないでしょうか。実際、この文章を読み聞かされた直後に、文章の意味がどの程度わかりやすかったかについて二つの協力者のグループに分けて七点満点で判定してもらいました。すると、表1-1の上半分に示したように、みなさんと同様に、グループAの協力者一〇人の判定したわかりやすさの平均が三・四点でした。一方、まったく同じ文章にもかかわらずグループBの協力者一一人の平均は五・三点というように高く、グループ全体としてわかりやすいと答

えていました。

このわかりやすさの判定のあとに、文章を思い出して書いてもらいました。採点の際には文章全体を意味のまとまりごとに一八個の部分に分け、それぞれの部分ごとに多少の脱落や変容は許容し正答数をカウントしました。その結果、表1-1の下半分に示したように、思い出せた分量を見ますと、わかりにくいと答えていたグループAに比べて、わかりやすいと答えていたグループBの成績が二倍以上も良かったのです。いったい何が原因で、これら二つのグループの意味のわかりやすさと記憶成績が異なっていたのでしょうか。

実は、意味がわかりにくいと答えたグループAには、みなさんと同様、読み聞かされる文章について事前の説明が何もありませんでした。一方、意味がわかりやすいと答えたグループBに対しては、文章を読む直前に「今から読むのは「洗濯」に関する話です」と告げておいたのです。可能でしたら「洗濯」というタイトルを頭におきながら文章をもう一度読んでいただけますと、文章のわかりやすさが実感できると思います。

この実験や先の私の実験から明らかなように、「意味のあるものは記憶に定着しやすい」という場合の「意味のある」というのは「理解できる」ということなのです。そうだとすれば、どのようなことがらであろうと、理解さえできればそれらが記憶として残ることになるはずです。

3　知識がなければ理解はできない

「理解する」とはどういうことか？

これまでのことから、記憶するためには覚えなければならない対象を理解できる形に変換する必要のあることが予想されます。ここでは、そもそも「理解する」とはどのような活動であるのかについて考えてみましょう。まず人間の脳に関する次の文章を読んでみてください。

「情動の神経経路の一つでは、海馬から発せられる信号が脳弓とよばれる神経繊維を通って、乳頭体と視床下部を経由して大脳皮質に伝達される。」

脳の研究の専門家以外には、いったい何のことなのか全然わからなかったはずです。理解する以前に、いくつかの専門用語の漢字の読み方すらもわからなかったのではないでしょうか。先ほどの「洗濯」の文章とは異なり、たとえ「パペッツの回路」というタイトルが与えられても専門家以外には理解できないままでしょう。その理由はここに書かれている専門用語のあらわす一つ一つの概念が何を意味しているのかわからないことに加え、これらの概念どうしがどう関連しあっているかという関係性がわからないからなのです。

もちろん事典やインターネットなどによって個々の概念や関係性を調べれば、ある程度は理解できるようになるかもしれません。けれども、それらは付け焼き刃的な知識の断片にすぎず、無意味綴りを使ったエビングハウスの実験と同様、たとえ無理矢理に頭に詰め込んだところで長くは記憶にとどめることはできないでしょう。要するに、何であれ対象となることがらの領域に関した知識をもちあわせていなければ、理解することは難しく、そのために記憶にも残らないのです。

一方、「洗濯」の文章については、幼い子どもをのぞけば、ほぼ誰もが洗濯のやり方に関する知識をもちあわせています。そのため、「洗濯」というタイトルが与えられると初めて読む文章であっても、「洗濯」に関する知識を活用して、個々の概念や概念どうしの関係性を理解できますし、文章に書かれていない情報も推測することができます。たとえば「一回にあまり多くやらないことである。一回に多くやりすぎるよりも少なすぎると思われるくらいのほうがよい」という文章はどうでしょうか。洗濯物を多く洗濯機に入れすぎることが原因となり、洗濯物が十分にほぐれずにまんべんなく洗えないとか、あるいは最悪の場合、洗濯機が故障してしまうかもしれないなどと推測することができます。

言われてみれば当たりまえのことなのですが、知らないことがらは意味がわからないのです。たとえ文字づらを追えたとしてもその意味がわからなければ、エビングハウスの無意味綴りと同じことで、すぐに忘れてしまうのです。繰り返しになりますが、あることがらを理解するには、そのことがらに関連した知識をもっていることが必要不可欠なのです。

どんな知識が理解を促進する？

次にどのような知識がことがらの理解や記憶を促進するのかについて、先ほどの「洗濯」の話を材料にした同じ研究者がおこなった実験を見てみましょう。今度は実験の協力者は一〇人ずつのいくつかのグループに分かれ、実験者によって読み聞かされる風変わりな『風船の話』が「どれだけわかりやすいか」を七点満点で判断することと、「あとで思い出してもらうのでしっかりと覚えるように」と言われていました。

先ほどと同様、今度の実験でも、いきなり話を聞かされるグループAと、事前に図1-5のような絵を三〇秒だけ見せられて、「何が描かれているのかについて考えるように」と言われるグループBがありました（グループCとグループDについては、あとで説明します）。どちらのグループも、文章を読み聞かされたあとで、わかりやすさの判定と、覚えている分量（一四点満

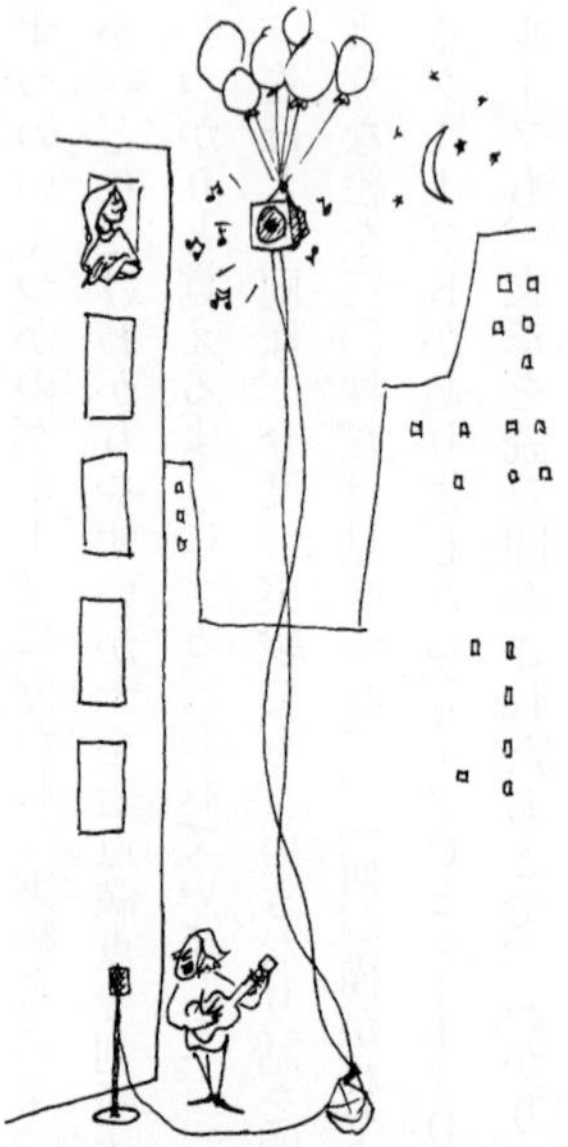

図 1-5 『風船の話』を理解するために役に立つ絵 (Bransford & Johnson, 1972)〔1-4〕

点）が調べられました。

「風船が破裂すれば、その音は届かないだろう。なにしろすべてのものが目的の階からは遠すぎる。それに窓が閉まっていても音は届かない。たいていのビルは遮音効果がいいからである。すべては電流が安定して流れるかどうかにかかっている。電線が途中で切れてもうまくいかないだろう。もちろん、この男は大声で叫ぶこともできる。けれども人の声はそんなに遠くに届くほど大きくはない。もう一つの問題は楽器の弦が切れるのではないかということである。そうなったら伴奏なしで歌わなければならない。明らかに一番いいのは距離が近いことである。それならば面倒な問題はまず起こらない。面と向かえば完璧にうまくいくのはほぼ間違いない。」（筆者訳）

その結果、表1-2の左半分に示したように、事前に図1-5の絵を見ていたグループBは、グループAよりも、わかりやすいと答えると同時に、その記憶成績も二倍以上も良かったので

表 1-2　グループごとのわかりやすさの判定と思い出せた分量の平均

	グループ A	グループ B	グループ C	グループ D
わかりやすさ（7 点満点）	2.3	**6.1**	3.6	3.7
思い出せた分量（14 点満点）	3.6（26%）	**8.0**（57%）	3.8（27%）	4.0（29%）

す。興味深いのは、この文章を二回繰り返して読み聞かせたグループC（表1-2の左から三列目）では、わかりやすさの平均点はグループAよりも少しは高くなったものの、記憶成績はほとんど変わらないままだという点でした。要するに、わからないまま繰り返し聞かされても覚えられないのです。

事前に絵を見ることでいったい何が起こったのでしょうか。私たちが図1-5を見ると意味を求めるという私たちの性質のために、この絵の意味を自然に考えてしまいます。たとえば「地上にいる男は建物の高い階にいる女性に対してギターを弾いて歌を聞かせたいと思ったのだろう。地上で歌っても女性に聞こえないので、マイクとスピーカーをつなぎ、そのスピーカーを風船につるして、彼女のいる近くまでもち上げたのだろう」というようなところでしょうか。これらの解釈は私たちがすでにもっている知識にもとづいて推測したものです。こうした知識があると、先ほどの風変わりな文章を聞かされても、それぞれの概念の意味や概念どうしの関連性が明確になり、理解できて記憶に定着しやすくなったのです。

表 1-3 『風船の話』を理解するために使われる知識の例

「人間の声はそんなに大きくないので面と向かって歌うのがよい」
「高いところにいる人には声は届かない」
「声を遠くまで届かせるためには，マイクを通したスピーカーを使うことができる」
「地上でスピーカーを使っても，高いところにいる人には聞こえない」
「スピーカーを高い位置に移動するにはヘリウムガスの入った風船を使うことができる」
「停電すると電気を使っているマイクやスピーカーは役に立たない」
「停電しなくても機器をつないでいる電線が切れたらスピーカーは役に立たない」
「停電もなく電線も切れなくても，演奏途中にギターの弦が切れることがある」
「ギターによる演奏ができない場合，歌だけのアカペラに頼るしかない」

この場合の知識とは、あくまでも一例ですが、たとえば表1-3に示したようなものが考えられます。

ネクタイを買ったのはどんな男か?

ここでもっとも重要なことは、知識はその元となる個々の概念(「風船」「スピーカー」「楽器の弦」「男」「女」「ビル」など)がどういうものであるかにとどまらず、それぞれの概念どうしの関係性を明確にすることができるので、理解を促す枠組みとしてはたらくということです。実際、図1-5に含まれている概念とまったく同じ要素を含みながら、相互の概念どうしの関係性がわからない図1-6のような絵ではどうでしょうか。この絵を事前に見せたグループD(表1-2のいちばん右列)では、わかりやすさも記憶成績も低い水準にとどまり、絵を見せられず、いきなり文章を聞かされたグループAと大きく変わらない成績でした。

したがって、理解と記憶が促されるためには単純に個々の概念の意味を知っていることだけでは不十分なのです。重要なのはこれらの概念どうしの関係性(因果関係、必然性、理由など)を知っているということなのです。

概念どうしの関係性がわかることが、新しい情報の記憶の定着を促すということを直接に検討した研究があります〔1-5〕。ここでは研究のエッセンスだけを取りあげます。この研究で使われたのは「どんな男がどんなことをした」といった形式の文でした。たとえば「空腹の男がネクタイを買った」「やせた男がハサミを使った」など全部で一〇文でした。協力者の大学生一五人はこれらの文を一文ずつ聞かされました。す

図 1-6 『風船の話』を理解するために役に立たない絵(Bransford & Johnson, 1972)〔1-4〕

べての文を聞き終わったあとに、抜き打ちテストとして「ネクタイを買ったのはどんな男でしたか?」「ハサミを使ったのはどんな男でしたか?」といった形式のテストがおこなわれました。

すると男の特徴は全部で一〇種類とそれほど多くはなかったにもかかわらず、思い出せたのは平均で四・二個(正答率四二%)でした。つまり「どんな男がどんなことをした」という文の場合、男の特徴や特定の行為のそれぞれの概念の意味はわかっても、その特定の男と特定の行為との間の関係性(「なぜその男がそんなことをしたのか?」といった理由)がわからないのです。この研究の協力者たちは意図的に覚えたわけではないとはいえ、このような状況は英単語と日本語、歴史の年号と出来事、専門用語とその定義といったように、概念どうしを一対一の形式で機械的に丸暗記することと似ています。このような丸暗記は、先の図1-6の『風船の話』を理解するために役に立たない絵と同様に、個々の概念どうしの関係性がわからないので、残念ながら記憶に定着しないのです。

それでは、次のように概念どうしの関係性を明確にした文ではどうでしょうか。傍線部分が関係性の説明です。すなわち「空腹の男が高級レストランに入るためにネクタイを買った」「やせた男がベルトのサイズを半分にするためにハサミを使った」などといったものです。先ほどとまったく同じ手続きで、このような文を聞かせると、今度は一〇種類の男の特徴のうち思い出せた個数が平均して二倍近くの七・四個（正答率七四％）になりました。この実験結果からわかるように、新しい情報を記憶する際には、個々の概念の意味がわかるだけではなく、概念どうしの関係性が理解できなければならないのです。

知識で関係を補う

もう少し、概念どうしの関係性とはどういうことなのかを具体例をあげながら考えてみましょう。その一例として小学校や中学校の社会科で習う農産物（コメとブドウ）の特産地をとりあげてみましょう。

農林水産省の生産量のランキング・データによれば、二〇二二年現在の日本のコメの収穫量の一位は新潟県で、ブドウの収穫量の一位は山梨県です。もちろんこのデータをそのままの形で「コメの収穫量が多いのは新潟県」「ブドウの収穫量が多いのは山梨県」といったぐあいに機械的に覚えることは不可能ではありません。しかし、先ほどの実験からも明らかなように概念どうしを一対一の形式で機械的に覚えても記憶には長く定着しません。

ではどうすればよいのでしょうか。このような一対一の形式の場合、そこに明示されていない概念どうしの関係性を知識によって補わなければならないのです。つまり今の例の場合、それぞれの特産品が地域によって異なっている必然性や理由を知識によって明確にすることが必要です。

おそらく誰もがすぐに思いつくのは、それぞれの地域の自然環境(気候や土地など)の違いが特産品と関係しているのではないかということでしょう。実際、コメづくりに適した条件とは、稲が開花するまえの二週間の最低気温が一七度以上であること(これより低いと開花しなくなります)と同時に、夏にある程度の高温になること、そして夜間の気温が低いことです。夜間の気温が低いというのは少し不思議に思うかもしれませんが、気温が低いと稲の呼吸が少なくなるためにデンプンが使われず、結果としてデンプンの蓄積された美味しいコメができるのです。また、土地の水もちがよく水田に引き込む水が豊富にあることもコメづくりには必須条件です。

一方、ブドウの栽培に適した条件とは、あまり高温にならず(年平均気温が一一〜一五度であること)、昼と夜の寒暖差が大きいことです。これは稲の場合と同様に夜間の気温が低くなると果物の糖度が増すことになるためです。ただし、稲作と大きく異なるのは、降水量が少なめで水はけのよい土地であるのが重要だということです。

このようなコメやブドウの栽培条件の特徴と地域の気象データを知っていれば(あるいは教え

られたり調べたりすれば)、「コメの収穫量が多いのは新潟県」「ブドウの収穫量が多いのは山梨県」という必然性や理由が明確になります。つまり、それぞれの農産物の栽培条件に適しているのがそれぞれの特産地の自然環境であるという関係性がわかるわけです。

また、栽培地の地形の成り立ちを考えるのならば、新潟県の越後平野はもともとそこを流れる信濃川と阿賀野川という大河が長年にわたって作りあげた三角州だったので水もちのよいことがわかります。一方、山梨県の甲府盆地は山に囲まれた平地のため山間部から平地に流れ出した川の流れが急に遅くなり、運んできた比較的重い土砂が堆積した水はけのよい扇状地となっています。さらにまた、新潟県で水が豊富なのは冬の豪雪が溶けて春には信濃川と阿賀野川の水量が豊かになるからですし、山梨県の降水量が少ないのは四方を山に囲まれた盆地のために季節風の影響が少ないからです。このように、知っていることや様々なデータを使って概念どうしの関係性を補うと、理解が深まり記憶への定着が促されるのです。

4　記憶を確実にする

良い記憶の秘訣

この例のように、概念どうしの関係性を網の目のように何重にも補うことは、覚えたいことがらに意味づけをおこなうということです。そして、このような意味づけされた記憶があれば、ことがらの表面的な理解ではなく深い理解をもたらすと同時に、そのことがらの記憶が確実なものとなります。

それには二つの理由があります。一つは意味づけによって概念どうしの結びつきが強化されるというものです。この考え方は、人間は白紙の状態で生まれてくると主張したジョン・ロックなどに代表される、一七世紀以降のイギリスの「連合主義」と呼ばれる哲学者たちにまでさかのぼることができます。彼らは心の要素である観念(概念)どうしの連合(結合)の強さこそが記憶に影響すると考えていました。このことを比喩的に言えば、覚えておかなければならない概念に結びついた関係性の糸の本数が意味づけによって多くなり、それらの糸を使って目あての概念をたぐり寄せやすくなるということです。概念どうしがたった一本の糸でつながっているだけだと、何かの原因でその糸が切れてしまえばたとえ片方の概念が記憶に残っていても、もう一方の概念をたぐり寄せられなくなってしまいます。一方、何本もの糸で結びつけられていれば、たとえどれかの糸が切れても別の糸を使って目的とする概念をたぐり寄せることができるわけです。

意味づけによりことがらの記憶が確実なものとなるもう一つの理由は、万が一新しい概念と結びついた関係性の糸のすべてが完全に切れてしまい、引き出したい概念が思い出せない場合であっても、意味づけされた情報がそれを推測する足がかりになるというものです。たとえばコメの特産地の例ならば、たとえ「新潟県」を思い出せなくてもコメづくりに適した気候（開花前の最低気温や夏の高温と夜間の低温など）や土地柄（土地の水もちや水の豊かさなど）といった意味づけに使った情報をもとに、その条件に適合する特定の地域（この場合、東北地方など）を推測できるのです。すると覚えた産地がピンポイントで推測できないとしても意味づけした情報から「秋田県」「山形県」「宮城県」「新潟県」など複数の産地の候補が思い浮かぶはずです。こうなるとまったくのゼロから思い出すよりもこれら思い浮かんだ産地の候補のなかから覚えたものを選ぶほうが、（記述式テストより選択式テストのほうが簡単なように）はるかに容易になります。

このような意味づけの有効性については、今から一三〇年もまえに、アメリカのプラグマテイズムの哲学者でもあり心理学者でもあったウィリアム・ジェイムズが見抜いていたことです。ジェイムズは今なお世界中の心理学者に影響を与え続けている『心理学原理』(一八九〇年)という著書のなかで「意味づけ」という用語そのものは使っていませんが、記憶にとどめようとするすべての概念について多様かつ多数の結びつきを形成すること(すなわち意味づけ)こそが「良い記憶の秘訣」だと結論しています。

このジェイムズの言う「良い記憶の秘訣」である意味づけの有効性は、英単語などを覚えてもらう際にも一種類の手がかり(多くの場合、和訳)だけと結びつけて覚えた場合よりも、さまざまな手がかり(語源や使用例など)と結びつけて覚えたほうが、はるかによく思い出せることから実証されています。

塗装用ロボットの話

記憶を確実なものにするためには、概念そのものや、概念どうしの関係性を明確にする意味づけが必要なことはわかりました。当然、次に考えなければならないのは、そのような意味づけを可能にするためには、どのような知識が必要かということです。この点に関しては、第3章で詳しく述べます。ここでは、記憶力の個人差という側面から意味づけについて考えてみましょう。私たちは往々にして記憶力の個人差というものが生まれつきの能力の違いだと考えがちです。けれども、それはまったくの間違いです。記憶力の個人差の生じる理由の一つは、意味づけという活動を自発的におこなうかどうかであることがわかってきているからです。

この記憶力の個人差と意味づけの関係について、アメリカの小学五年生を対象に文章を記憶させた研究のエッセンスを見てみましょう〔1-6〕。まず客観的な学力テストの成績と担任教師の判定にもとづいて、いわゆる「勉強のできる生徒」二〇人と「伸び悩んでいる生徒」二〇人を集めました。全員に内容についてあとで尋ねると告げてから、文章を読んで覚えさせました。その文章は家の外壁の塗装用ロボットの話でした。ただし、文章の内容はほぼ同じものでありながら、概念どうしの関係性が明示されているかどうかという点で二つのバージョンがありました。一つ目の暗示バージョンは事実が淡々と記述されているもので、それは「ロボットの頭にはバケツがのっており、手にはテープをたずさえていました。また、文字の書かれた看板をもっていました。〔以下略〕」といったものでした。すぐにわかるように、この文章では概念どうしの関係性が不明です。たとえば「なぜ頭にバケツがのっているのか？」「なぜテープをたずさえているのか？」「なぜ看板をもっているのか？」などは、自分で推測しなければなりません。もう一つの明示バージョンは概念どうしの関係性が明確に示されていました。次の

表1-4　暗示バージョンと明示バージョンごとの学習時間と正答数の平均

	勉強のできる生徒	伸び悩んでいる生徒
明示バージョン（関係性が明確）		
学習時間	119.0秒	177.5秒
正答数（18点満点）	**16.9**（94%）	**15.3**（85%）
暗示バージョン（関係性が不明確）		
学習時間	159.5秒	98.0秒
正答数（18点満点）	**16.2**（90%）	**11.7**（65%）

傍線部がそれです。すなわち、「ロボットの頭にはペンキを運ぶためのバケツがのっていました。また、ペンキが窓につかないように貼り付ける保護用のテープをたずさえていました。さらにまた、「ペンキ塗り立て」という文字の書かれた看板をもっていました。〔以下略〕」といったぐあいです。

こうして自分のペースで読み終わるとロボットにはどんな特徴があったか（たとえば「看板をもっていたか」など）に関する一八項目の記憶テストをおこないました。その結果は表1-4（太字の数値）に示しました。概念どうしの関係性が明確な明示バージョンの正答数（表1-4の上半分）に関しては、「勉強のできる生徒」と「伸び悩んでいる生徒」との間にはそれほど大きな差は認められませんでした。ところが、関係性が書かれておらず、それらの関係性を推測する必要のある暗示バージョンの正答数(表1-4の下半分)では、「伸び悩んでいる生徒」の成績が格段に低くなっていました。つまり、概念どうしの関係性が明示されていない場合、「勉強のできる生徒」は自分で関係性を推測することで意味づけ活動をおこなっているのに対して、「伸び悩んでいる生徒」は自発的にはそのような意味づけ活動をおこなわないようなのです。その証拠として暗示バージョンの学習(すなわち自発的な意味づけ活動)にかけた時間は「伸び悩んでいる生徒」のほうが九八秒と極端に短かったのです。

また、別の実験では「伸び悩んでいる生徒」が与えられた学習材料をそのまま丸暗記しがちで、そもそも意味づけ活動が有効であることに気づいていないことが明らかにされています〔1-7〕。つまり、意味づけをおこなわないので、記憶成績がよくならないのです。そこで、「伸び悩んでいる生徒」を対象に、意味づけとはどのような活動であるかを練習させてみました。その結果、意味づけ活動ができるようになり、記憶成績もよくなったのです。

これらの結果が示しているのは、記憶力の個人差とは、常に自発的に意味づけ活動をおこなうかどうかにあるということです。このことを言い換えると、目のまえのことがらを丸呑みするのではなく、そのことがらの意味について多面的に考えることこそが、新しい概念の定着のために必要だということなのです。

記憶は技術である

現代人の特質を描き出し、世界的なベストセラーともなった『自由からの逃走』（一九四一年）という著作を執筆したのはドイツ人のエーリッヒ・フロムという学者でした。もともと社会学や哲学に造詣の深かったフロムは、誰もがその名前を知っているジークムント・フロイトの創始した精神分析を社会的なアプローチから解釈し直したことでもよく知られています。そんなフロムの著作に『愛するということ』（一九五六年）という作品があります。私は大学入学直後のまさに失恋したばかりの頃に、この『愛するということ』のなかの「愛は技術である」という主張を読んで強い衝撃を受けました。と言いますのは、そもそも愛とは何かも知らない一八歳当時の私は人を愛することに技術など不要だと思っていたからでした。

これとまったく同じことは記憶にも当てはまります。「記憶（すること）は技術である」のです。記憶力の良し悪しは生まれつきの能力ではなく、技術（たとえば意味づけ）を使うかどうかにあるのです。この章では、理解できないもの（意味のないもの）は記憶に残らないということを述べてきました。それならば何らかの技術（たとえば意味づけ）を使って理解できるようにすれば、誰もがすばらしい記憶力を手に入れることができるということになります。

はじめにで引用した円周率一〇万桁を暗唱できる原口さんは、無意味な数字の羅列を理解できるものになるように、ある記憶の技術を使っています。一〇万桁もの数字の記憶を可能にできる技術とはいったいどのようなものなのでしょうか。その技術とは日本人なら誰もが使ったことのある語呂合わせなのです。たとえば、この章の冒頭で述べた「大政奉還は一八六七年である」を覚えるには、「いや(一八)虚(六七)しいな、長い江戸が終わってしまった！」「ひゃー(一八)ハロー！(八六)な新時代の幕開けだ！」などという語呂合わせがインターネットを検索すれば出てきます。円周率に関しても最初の「3・14159265」を「産医師異国に向こう」という語呂合わせで知っている方も多いことでしょう。このように語呂合わせとは、数字に代表される意味のないものを音の類似性にもとづいて、意味のあることばに変換する(つまり、意味づける)ための記憶の技術なのです。

ただし、原口さんの語呂合わせには少し特徴があります。ストーリーを創り出しているのです。たとえば、最初の三九桁「3・14159265358979323846264338327950288419」を「さー、安心得んと国元去った僥き その身は死ぬのも隅ぞ闇の中散るのは易いが」のように変換しています。ここで重要なことは、このようなストーリーを作る際に、原口さんは独自に考案した「数→仮名変換表」を使っているということです。たとえば、「0」は「オ、ラ、リ、ル、レ、ロ、ヲ、オン、オー、……」、「1」は「ア、イ、ウ、エ、ヒ、ビ、ピ、アン、アー、ヒャ、……」、「2」は「ツ、ニ、ノ、フ、ユ、ヅ、ニン、ニー、……」、「3」は「サ、ソ、ミ、ザ、サン、サー、……」、「4」は「シ、ス、セ、ヨ、ジ、シャン、ジャ、……」、「5」は「コ、タ、チ、テ、ト、ダ、タン、チャ、……」、「6」は「ヌ、ム、モ、ブ、ムン、ムー、……」というようなものです。この変換表を使うと、たとえば「12」という数字には、「イツ(何時)」「アニ(兄)」「ウニ(うに)」「ヒユ(比喩)」などの多様な意味をもたせることが可能となります。そのため同じ数字の並び「3・1415」であっても「さー、安心得んと」以外に、たとえば「そう、よい子」など、無数のことばに変換できるわけです。こうして原口さんは、さまざまな語呂合わせによる意味づけを駆使し、いくつものストーリーを創造することによって、一〇万桁もの数字を記憶しているのです。

この数字の語呂合わせで意味づけを行ったあとにストーリーを創り出すことが、この章で見てきた知識を活用した意味づけになります。たとえば、原口さんは「73242309025239744386101426309868777」という円周率の数字列をもとに、俳人松尾芭蕉の『奥の細道』の世界にかかわる物語を創り出しています。それは「並みの詞の(73

242）　見るからに（30902）　好みが（5239）　増すよ（744）。沢も入りゃ（38610）石踏む（1426）　曽良か（309）　藪ヤマメ（86877）」といったものです。このような意味づけをもとにしたストーリーの創作は、松尾芭蕉に関する豊富な知識を活用した意味づけ活動です。原口さんはさまざまなことがらに好奇心をいだき、実にいろいろな事物に関する豊富な知識をもっています。また、高齢だからこその豊富な人生経験をもっています。そのため、円周率一〇万桁暗唱を支える意味づけを創造する際に、単なる数字と語呂の一対一の形式ではなく豊富な知識や人生経験による意味づけを活用することで多種多様の結びつきを作りあげて忘れないようにしているのです。

繰り返しますが、記憶力の良し悪しは生まれつきのものではありません。みなさんが語呂合わせという意味づけを使って円周率一〇万桁暗唱に挑戦しないにしても、まず何よりも「記憶は技術である」ということを知るのがすべての出発点です。そのうえで、まわりの世界に「意味」を求めるという私たちの本性に逆らうような丸暗記という習慣を捨て去り、新しい情報の記憶への定着を目指す際には理解することを中心に置くべきなのです。そのような記憶の技術こそが知識を活用する意味づけであり、このような記憶の技術を常に能動的に使い続ける習慣を身につけることが記憶力を向上させる道なのです。

私は長年にわたって大学の新入生に対して記憶の授業をおこなってきました。その際に、この章で取りあげた研究を紹介しながら、記憶できるのは理解できるものだけという事実を知ってもらうために、「わからんもんは頭に残らん！」「一夜漬けより意味づけ！」と何度も何度もお経のように大声で唱えることにしています。

第2章

注意の落とし穴

第1章では、私たちが意味を求める存在であるために、「理解できないことがらは記憶に残らない」ということを科学的なエビデンスにもとづきながら説明しました。「理解できないことがらは記憶に残らない」からこそ意味のわからないままの丸暗記ではなく、どのような方法にしろ覚える対象に意味づけをおこなわなければならないのです。

この章では、記憶を少し異なる観点からとらえるために、記憶の入口である注意のはたらきについて考えることにします。そもそも注意の向いていない対象はそれを意味づけするかどうか以前に頭のなかに入ってこないということには誰もが納得するはずです。ただし、ここで重要なのは注意を向けるには意識的な努力が必要だということです。つまり、自分のまわりの世界を漫然と見聞きしているという状態ではなく意識を集中させなければならないのです。

1　見えているのに気づかない

ホームズの観察力

この意識的な注意の重要性の例として、しばしば引き合いに出されるのが、名探偵シャーロック・ホームズの観察力の鋭さでしょう。たとえば、ボヘミア国の王が皇太子時代に浮名を流した女性との写真を彼女から取り戻そうとする事件の顚末を描いた『ボヘミアの醜聞』という作品があります。この作品のなかで、ホームズは毎日上り下りしている二階の住居までの階段が何段であるかは、たとえ何千回見ていても覚えていないことを例にあげ、注意して見るという「観察」の重要性を助手のワトスンに語るという場面があります。また、『白面の兵士』という作品の冒頭では音信不通になった戦友の消息を求めてホームズのところに会いに来た依頼人の素性をこと細かくホームズが見抜くという場面があります。驚く依頼人に、自分はものごとを細心の注意をはらって見る訓練を積んでいるだけだと語り、やはり「観察」の重要性を強調しています。私は小学六年生のときにクラスメイトたちと全巻読破を競い合いながらホームズものに熱中しましたが、心理学を学ぶようになってわかったのは、ホームズの超人的とも言える推理力がこのような観察力に支えられているという事実でした。

自分はふだんからよくものを見ていると思っていても、意外とそうでないことはよくあります。たとえば、家のなかにある電気コンセントを思い出してみてください。コンセントの穴は左右で長さが違うことに気づいていますか。実際に見て確認してみてください。初めて気づいて驚く人が多いはずです。このようにふだんから見慣れたものであっても、意識的に注意していなければ、ほとんど何も思い出すことができないということは、心理学の実験で繰り返し明らかにされています。このことからわかるように、まず何よりも覚えるべき対象に注意を意識的に向けることが記憶の定着のスタートになります。

気づかないゴリラ

それでは、注意深く観察すれば必ず記憶に残るのでしょうか。残念ながら必ずしもそうとは限りません。困ったことに私たちが意識的に注意を向けることのできる範囲は、自分たちが思っているよりもはるかに狭いために、しばしば信じられないような見落としが起きてしまいます。

私たちの注意の及ぶ範囲が狭いことをユニークな手法で解明し、今や心理学以外の分野でもすっかり有名になった実験を見てみましょう〔2-1〕。とても有名な実験ですので、インターネットで「見えないゴリラ」ないしは「selective attention test」と検索すれば、実際の実験と類似した映像を見ることができます。

まず、大学生の協力者に短い映像を見せます。図2-1左はその映像フィルムの一部です。

図2-1　見落とし実験の映像の一部(Simons & Chabris, 1999. ©1999 Daniel J. Simons. All rights reserved.)〔2-1〕

白いシャツを着た男女三人組の白チームと黒いシャツを着た別の三人組の黒チームが入り乱れて動き回りながら、それぞれ自分のチームのバスケットボールを仲間うちにパスしあっているという映像です。空中でパスするだけではなく、床にバウンドさせてパスしたり、さらにはドリブルをする場面も含まれています。協力者の課題は白チームのパスの回数を数えるというものでした。

映像がはじまって時間が少し経過した時点で、ゴリラの着ぐるみを着た人物が彼らの間をゆっくりと横切ります(図2-1右)。このゴリラが横切る最中もそのあとも、白チームと黒チームはパスを続けていました。

こうして、映像の終了後に、自分が意識的に注意を向けていた白チームのパスの回数を答えてもらい、あわせて映像のなかで何か変わったことに気づいたかどうかを尋ねてみました。すると、白チームのパスを数えていた大学生のうち映像のなかでゴリラが横切ったことに気づいたと答えた人数の割合は四二%で、残りの五八%の者は気づかなかったと答えたのです。実際の実験では、もう少し条件が複雑で黒チームのパスの回数を数えるよう指示する場合や、空中パスの回数とバウンドパスの回数を別々に数えさせる場合などがありました。すると、条件によって、ゴリラに気づいた人数の割合は八%から八三%と大きなバラツキがありましたが、見落とした人数の割合はゼロにはなりませんでした。

このように私たちは現実場面に近い映像を意識的に注意しながら見ている場合であっても、場面全体をくまなく見ているわけではないのです。

見ていないのに禁固刑?

それは一九九五年一月二五日の深夜二時のボストンでの出来事でした。ボストン市警の警察官たちは発砲事件の容疑者を捜索中でした。警察官の一人のケニー・コンリーは今まさにフェンスを乗りこえようとしている容疑者を追いかけていました。そのとき走っているコンリーのそばでは、たまたま現場に居合わせたマイケル・コックスという私服警官が容疑者と間違えられ同僚の警察官から殴る蹴るの暴行を受けていました。コンリーはそのそばを駆け抜けてフェンスを乗りこえた容疑者に追いつき逮捕したのです。のちにコンリーは同僚が暴行しているのが見えなかったと証言したのですが、すぐそばを通っているのに見えないはずはないと誰からも取り合ってもらえず、結局、暴行していた同僚をかばって嘘をついているとされ偽証罪と法廷侮辱罪で禁固三四カ月の判決が言い渡されたのです(その後、七年間に及ぶ法廷での争いののちに、最終的にコンリーの言い分は認められ無罪となりました)。

この事件に関心をもったのが、先ほどの見えているのに気づかないゴリラの実験をおこなった研究者たちでした。彼らは映像ではなくこのような現実場面でも見落としが起こるかどうかを調べることにしました〔2-2〕。

実験では、大学キャンパス内に約四〇〇メートルのルートを設定し、先導するランナーの九メートルほど後ろについて、大学生の協力者に三分間ほど走ってもらいました。その際、先導するランナーが右手や左手で何度か自分の頭を触るのでその回数を数えさせました。そして、このルートを走っている途中でルートから八メートルほど離れた地点にいた二人組の男が一人の男を殴っているのに出くわすように仕組みました。協力者がそのそばを走って通り過ぎるのに少なくとも一五秒間かかりました。こうしてルートを走り終わった時点で、先導するランナーが頭を触ったのは何回かを尋ねると同時に、途中で何か変わったことを見たかどうかを尋ねました。

すると、この実験を夜間に実施したところ、二〇人の大学生のうち暴行に気づいたのは七人(三五%)だけでした。また、同じ実験を昼間におこなっても一六人中九人(五六%)しか暴行に気づかなかったのです。少し課題を難しくして、右手で頭を触った回数と左手で触った回数を別々に数えさせた場合は、三三人中一四人(四二%)しか暴行に気づきませんでした。このように、映像内の出来事だけではなく、現実の出来事でも見落としが起こることがあるのです。

熟練者でも気づかない

映像内でめまぐるしく動き回る白チームのパスに注意を向けて回数を数えるという作業は、実験を受けた大学生にとって初めてのことだったはずです。同様に、自分のまえを走るランナーのあとを追いながらランナーが頭を触る回数を数えるという作業も、おそらくは初めての経験だったはずです。なにごとであれ初めての作業は慣れていないので、注意を集中しなければなりません。たとえば、免許を取得したばかりの初心者が車を運転する場合、運転に注意を集中しているので、まわりの景色を見たり同乗者との会話を楽しむような余裕はありません。けれども次第に運転に熟練してくると、運転以外の作業にも注意を振り向けることができるようになります。

それでは、初心者ではなく熟練した専門家ならば、見落としは起こらないのでしょうか〔2-3〕。図2-2は、私たちの胸部をX線で撮影したCT画像と呼ばれるものです。専門の放射線科医の仕事の一つに、このようなCT画像を見てがん性の部位（周囲と異なる結節と呼ばれるかたまり）を見つけ出すという作業があります。この作業で難しいのは、白く映るがん性の部位と同じように白く映りながらも長く伸びている血管とを区別しなければならないという点です。

実は図2-2のCT画像には実験のために仕掛けがしてあります。もう一度、図2-2を注意深く見てください。何か変わったものが見えないでしょうか。よく見ると、図の右側の黒い部分に右腕をあげた小さなゴリラが映っています。みなさんは見つけ出すことができたでしょうか。実験ではCT画像になじみのない一般人二四人（平均年齢三三・七歳）に、まずCT画像の読み方（白いがん性の部位の特徴など）に関する一〇分間の講義を受けてもらいました。そのあとで、図2-2のゴリラ

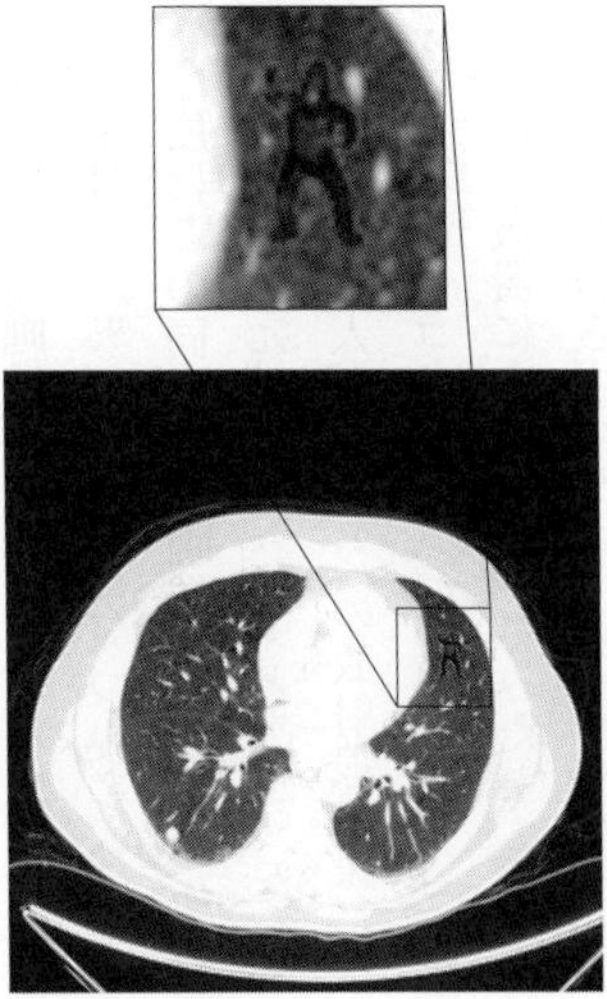

図 2-2　胸部を映した CT 画像における見落とし（Trafton, *et al.*, 2013）〔2-3〕

の映っている画像を見せ白いがん性の部位を探してもらいました。その結果、がん性の部位の発見率は一二％、ゴリラに気づいた人は誰一人いませんでした。

今度はこの同じCT画像を二四人の放射線科医（平均年齢四八歳）に見せました。すると、がん性の部位の発見率は五五％と高かったのですが、何か変わったものを見なかったかと尋ねても二四人中四人（約一七％）の放射線科医しかゴリラに気づきませんでした。さらにまた、興味深いことに、ゴリラに気づかなかった二〇人（約八三％）の放射線科医の目の動きをアイ・カメラという機器によって調べてみたところ、この二〇人のうちの一二人はゴリラの位置を見ていたにもかかわらずゴリラに気づかなかったのです。

このように熟練すれば確かに、少しは見落としが減るのですが、それでもなお異常には気づかないということが起こるのです。

「追い出し」のはたらき

これら一連の実験からわかるように、私たちが何か特定の対象にだけ意識的な注意を向けると、注意の及ぶ範囲が狭くなるために、目には見えているはずなのに注意していない対象を見落としてしまうことがあるのです。

このような注意の本質を見事に説明しているのが第1章の「良い記憶の秘訣」で引用したウィリアム・ジェイムズです。ジェイムズによれば「注意がどんなものかは誰もが知っている。それは、同時に存在する複数の対象や一連の思考のうちの一つを、はっきりと鮮やかに心にとらえることだ。その本質は意識を焦点化し集中することにある」というのです。ただし、続けて「注意とは何かを効率的に扱うためにそれ以外のものを追い出す状態である」と但し書きを付けています(筆者訳。傍線も筆者による)。重要なのは注意していないものを「追い出す」という点です。

このように注意していないものを「追い出す」という人間の特徴をうまく使っているのがマジックです。マジックでは、あるはずのものが消えてなくなったり、ないはずのものが現れるなど、次々と不思議なことが起こります。しかし、これらはマジシャンが私たちの注意を巧みに方向づけることで、ここで述べた見落としを活用しているのです。つまり、マジックの多くは私たち人間の注意の及ぶ範囲が狭いという特性をうまく利用したものなのです。

それでは、なぜ注意して見ていても見落としが起こってしまうのでしょうか。専門的にはいろいろな説明があるものの一つの有力な説明として、注意力とは舞台やコンサート会場のスポットライトと同じだという見方があります。暗い会場でスポットライトが当たったところは確かによく見えますが、それ以外の周辺はスポットライトが当たっていないのでそこで何が起こっているか見ることができません。どうやら私たちの注意力の及ぶ範囲はこのスポットライトのように狭いようなのです。

図2–3　杯にも2人の横顔にも見えるルビンの杯

このことを少し違った角度から体験してみましょう。図2–3はルビンの杯と呼ばれるもので、この図を見たことのある方は少なくないと思います。図の白い部分に注目すれば「杯」が見えますが、黒い部分に注目すると「向き合っている二人の横顔」が見えるはずです。重要なことは杯と横顔を同時に見ることは絶対にできないということです。つまり、ある対象に私たちが意識的に注意を向けるということは、それ以外の部分へ注意が向かなくなるということなのです。

この図で「杯」か「向き合っている二人の横顔」のどちらが見えるかを決めるのは、私たちが「杯」を見つけ出そうとするのか、それとも「向き合っている二人の横顔」を見つけ出そうとするのかという事前の期待や予想です。この期待や予想の観点から、見落としの三つの実験を見直してみるとどうなるでしょうか。バスケットボールのパスの回数を数えたり、CT画像のがん性の部位を見つけ出す場合のいずれも、「ゴリラ」の出現などまったく予想だにされていないことです。また、自分のまえを走るランナーが頭を触る回数を数えるときにも走っているそばで暴行が起きるなどということは、ふつう期待され得ないことでしょう。

このように、そもそも私たちが注意を払うことのできる範囲は狭く、そこで何に気づき何に気づかないかは、事前の期待や予想に大きく左右されるわけです。また、この章では、見ることに限定して話を進めてきましたが、聞くことに関しても同様の聞き落としが存在することが知られています。要するに、私たちは目や耳を使って受動的にまわりの世界をとらえているのではなく、自分が何を見るのか何を聞くかを能動的に決めているのです。

2　ワーキングメモリ

記憶の範囲

ここで、簡単なテストを体験してみましょう。表2-1の数字を順に見たあとに、ページから目を離してその順番通りに声に出して言ってみてください。手頃な紙に書き出しても構いません。たとえば、五個の数字として「4」「9」「2」「0」「5」とあればこの順番で全部を読

表2-1　記憶範囲のテスト例.「何個まで思い出せるか」

5個：	4	9	2	0	5								
6個：	6	9	1	8	2	4							
7個：	2	4	9	3	7	8	0						
8個：	5	8	1	7	2	3	9	6					
9個：	7	4	6	0	1	8	3	7	9				
10個：	2	9	1	6	8	5	0	3	7	1			
11個：	3	4	9	0	2	5	6	7	9	1	5		
12個：	4	1	0	3	9	0	7	5	1	8	2	6	
13個：	9	7	1	6	5	2	0	8	3	2	4	6	5

んでから、「4」「9」「2」「0」「5」と繰り返すわけです。本来はこれらの数字を誰かに一つずつ読みあげてもらい、その順番通りに繰り返すという方法をとります。もとの順番通りにすべてを正確に思い出せたら正答となります。読む数字の個数は一個ずつ増えていきます。では今と同様にして五個からはじめてみてください（表2-1）。

いったい何個まで正しく思い出すことができたでしょうか。このように私たちが一度見聞きしただけで、その順番通りに正確に思い出せる数字の個数のことを記憶できる範囲の限界という意味で、記憶範囲と呼びます。この例のように一個ずつ数字を増やしてすべてを間違いなく思い出せる数字の個数が記憶範囲とされます。

図2-4は大学生を対象に、今覚えたのとまったく同じ数字を使って、記憶範囲のテストをおこなった結果です（2-4）。図の縦軸には順番通り正確に思い出せた人数の割合が、横軸に

は数字の個数が示してあります。この図からわかるように、おおむね七個前後から正しく思い出せる人数が減りはじめて、一〇個以上を正確に思い出せる人はほとんどいなくなります。たいていの人は七個を超えるあたりから、覚える数字が邪魔をしてすでに覚えた数字を忘れてしまうという感じをもちます。

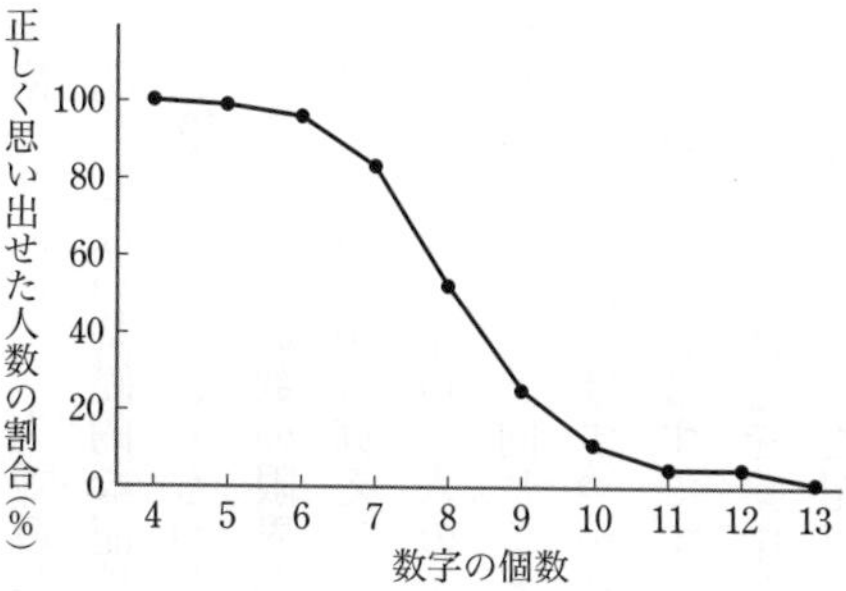

図 2-4　数字の記憶範囲(梅本, 1979)〔2-4〕

一般に、このような記憶範囲は成人であれば五〜九個の範囲におさまることがこれまで何度も明らかにされてきました。過去に私がおこなった実験では、みなさんに体験してもらったのと同じ数字を使い、二〇代の学生六人と六〇代の高齢者一八人の一人一人に聞かせて覚えてもらいました。その結果、二〇代の記憶範囲は五〜九個で平均は七・二個でした。また、六〇代の記憶範囲も同じく五〜九個で平均は六・八個というように、ほぼ同じでした。当時六〇歳で円周率一〇万桁を暗唱した原口さんにもまったく同じようにして調べたところ、とても興味深いことに、その記憶範囲は七個でした。速い速度で数字を聞かされて覚える場合、原口さんは得意の語呂合わせを使う時間的余裕がないので、人並みの数値になったようです。このように、記憶範囲は特殊な記憶術などの関与しない基礎的な記憶能力を調べているものであると考えられています。

記憶範囲に関してもっとも重要な点は、多少の個人差があるとはいえ、集中して一度に覚えられる数字の個数の限界が思いのほか、少ないということです。限界以上の個数を覚えようとしても、あとから覚える数字のために先に覚えていた数字が押し出されてしまうのです。比喩的に言えば、定員七人のエレベーターに定員以上の人が乗り込もうとしても誰かが降りないと乗り込めないのと同じことです。しかもこうやって全神経を集中して覚えたとしても、せいぜい三〇秒もたてばすっかり忘れてしまいます。たぶん、ほとんどの方は先ほど覚えた数字をもう思い出せないはずです。

このように注意を集中しても一度に覚えられる記憶の量に限界があり、短時間で消え去るという特徴をそなえた記憶範囲の存在そのものは一九世紀から知られていました。事実、あの無意味綴りの記憶を研究したエビングハウスは今日で言う記憶範囲を心理学者として最初に測定しています。しかし、その後は記憶研究者からそれほど注目されることもなく、いわゆる知能テストの問題の一部として使われていました。

時代がくだって、一九五〇年代頃からコンピュータの実用化が進み始めると、心理学では人間の心のはたらきをコンピュータの情報処理のはたらきになぞらえて考えるようになってきました。そのような人間の心のはたらきの一つが、記憶範囲のように特定の情報をごく短時間だけ頭のなかに保存しておくという一時的な記憶でした。先ほどの記憶範囲のテストでは、あとで順番通りに思い出さなければならないという目的のために、一連の数字を見終わる（聞き終わる）まで次々と現れる数字を一時的に頭のなかにとどめておいたはずです。このように、ごく短時間だけ頭のなかにとどめおかれ、必要がなくなるとすぐに忘れられてしまうという特徴が注目され、記憶範囲には短期記憶という名前が与えられたのです。つまり、短期記憶は一度に保存できる量が七個程度と少ないという数量的な制約や、保存された情報が三〇秒程度とごく短時間しか頭に残らないという時間的な制約が特徴です。

こうして、短期記憶はいわゆる知識のように長期間保存される記憶とは区別されることになりました。一方で、私たちがふつう使う意味での記憶は、何日間も、ときには何年間あるいはまた一生涯という長期間保存されるので、長期記憶と呼ばれるようになりました。

記憶を上書きする

短期記憶に数量的・時間的な制約のあることはわかりましたが、このような制約のある短期記憶はそもそも何のためにあるのでしょうか。たとえば、ATMなどでお金を振り込む場合、相手先の口座番号を見てその通りに数字を打ち込むときに使われます。あるいはまた、セキュリティに関して本人認証の際の一時的なパスワードや数字がスマホなどに送られてきた場合、それを覚えて打ち込むときにも使われるはずです。さらにはまた、学生なら授業で黒板やパワーポイントの内容をノートやタブレットに書き込む際にも使われることでしょう。

けれども、短期記憶はこのような限られた場面で使われるだけではありません。むしろ、一見したところ記憶とはほど遠いように思われる読書や計算など、頭のなかで何らかの作業をおこなう際に短期記憶が必要になるのです。たとえば「クリスマスの日に夫は妻に小さな包みを手渡した。彼女が彼の目のまえでそれを開けると一揃いの櫛が出てきた。一方、彼女は彼に金時計の鎖をプレゼントした」という文章を読むことを考えてみましょう。このとき第二文の「彼女」「彼」「それ」を理解するためには、第一文の内容を一時的に覚えておかなければなりません。このように、読書という作業では先行する文の要素をごく短時間だけ短期記憶にとどめておいて、同時に目のまえの文の要素との関係を対応づけるという作業を次々とおこなっていく必要があります。ここで重要なのは短期記憶にとどめられた情報は作業を終えれば不要となり、次の作業のための新しい情報を上書きしていくことが繰り返されるということです。

また、別の例として、一四八×四などの繰り上がりのある暗算の場合も、一桁目のかけ算の結果や繰り上がった数などを短時間だけ短期記憶にとどめておきながら、同時に計算という作業をおこなわなければなりません。ここでも、一桁目のかけ算の結果や繰り上がりの数は、計算終了後には不要となることがポイントです。それらが残っているとその後の作業の邪魔になるからです。

このように、私たちは短期記憶を使って一時的に情報を頭のなかに保存しながら、同時にそれらの情報を使って、文章の理解や計算といったさまざまな作業をおこなっているのです。つまり、ここで重要な点は、短期記憶のそなえる数量的・時間的な制約のおかげで、一時的に保存した情報に対して、私たちが必要な作業を実行し終えれば、その情報が自動的に消失するということです。言い換えれば、短期記憶は長時間覚えていることが要求されるのではなくて、短時間で自動的に忘れられてしまうことにこそ意義があるのです。

こうして、次第に短期記憶という用語に代わり、頭のなかで作業をする際に使われる記憶という意味で、作業記憶またはワーキングメモリと呼ばれるようになってきました。従来、記憶という用語がなんとなく静的なイメージ(たとえば、ＵＳＢとかＤＶＤといった記録メディアなどの各種の記憶デバイス)としてとらえられがちでした。これに対して、「作業」や「ワーキング」とは「今まさに取り組んでいる」活動という現在進行形の意味合いとともに、時々刻々と情報内容が更新されていくという動的な意味も含まれています。以下、本書では一般の方にも認知度が高くなっているワーキングメモリという用語を使うことにします。

ワーキングメモリは学びの入口

ワーキングメモリは、勉強や仕事などの日常生活のすべてを支えています。たとえば、授業中に先生の話した内容や他人の発表の内容を理解する際に、もしワーキングメモリがなければ、すでに知っていることと知らないことを区別するという作業ができず、何に焦点を当てなければならないのかがわかりません。また、内容をノートやメモに書き留める作業やスマホやタブレットに入力する作業でも、ワーキングメモリがなければ何が重要で何が不要かなどを判断できず、ひたすら丸写しに追われることになってしまいます。このような意味で、私たちはその存在や重要性に気づいていませんが、実はワーキングメモリこそが学習や記憶の入口という重要な役割をになっているのです。

ワーキングメモリに蓄えることのできる情報の量には限界があり、その量は七個前後ときわめて少ないということは、記憶範囲のテストで体験したとおりです。ただし、先ほどの記憶範囲のテストは見聞きした順番通りに、数字を繰り返すという単純な作業でした。

では、もし見聞きした順番と逆の順番で答えなければならない場合はどうなるでしょうか。たとえば表2-1の場合「4」「9」「2」「0」「5」と見聞きすると、その順番をひっくり返して「5」「0」「2」「9」「4」と答えなければなりません。先ほどの単純な課題に比べると格段に難しくなるはずです。この場合、数字を覚えながら、その順番をひっくり返し、ひっくり返した数字も覚えておくという慣れない作業を同時におこなわなければなりません。そのため、ワーキングメモリを目いっぱい使って二種類の作業に注意を割り振らなければならなくなります。先に、車の運転に熟練していない間は運転だけに注意を集中するのが精いっぱいで、同乗者との会話など運転以外のことに注意を振り向ける余裕がないということを取り上げました。その例からわかるように、基本的に私たちの注意の総量は決まっていて慣れない二つ以上の作業に注意を割り振るのがきわめて苦手なのです。

つまり、数字を逆の順番で答えなければならないという状況では「そのまま覚える」という単純な作業に加えて、順番をひっくり返しながらその数字を覚えておくという不慣れな作業にも注意を同時に割り振らなければなりません。このとき平等に注意が割り振られるのではなく、慣れていない作業のほうに多くの注意が必要となり、結果として慣れている「そのまま覚える」という作業から、より多くの注意がそらされてしまい、課題をうまくこなすのが難しくなってしまうのです。

3　マルチタスクの功罪

集中できない!

情報機器の急速な発展にともなう常時接続社会の到来は、私たちの日常生活を大きく変えました。パソコンやスマホの複数のウィンドウを開きながらさまざまな作業をこなしたり、数多くのメールをやりとりし、X(旧ツイッター)やフェイスブックをフォローし、ネットサーフィンにも時間を費やすことが多くなっています。それにともない職場はもとより、教育現場にも一人一台のタブレットやパソコンが導入されてきています。二〇二〇年の新型コロナウイルスの大流行以降、オンラインを含めた情報機器に頼る流れは止めることができなくなっています。もちろん、これら情報機器の導入で仕事や勉強の効率が上がる部分も少なくありません。たとえば、テキストを読んでいて、わからないことがあればその場で検索して簡単に調べることができます。

とは言うものの、ＳＮＳや情報機器に頼る社会では二つ以上の複数の課題を同時にこなすことが要求されます。ここでは複数の課題（タスク）をこなすことをマルチタスクということばであらわし、注意、とりわけ集中力との関連について考えていきましょう。

ＳＮＳでは、自分の都合に関係なく、さまざまな通知が届いて、それにすぐに応えなければならないことが一般的です。たとえば、集中して取り組んでいた目のまえの課題を中断して、一時的に注意を切り替えて、割り込んできた無関連な課題をこなし、再び、もとの課題に注意を戻すわけです。おそらく、多くの方がこのような注意の切り替えを頻繁に経験していることでしょう。このような同時進行のマルチタスクでの注意の切り替えは、自分では気づいていないものの、実はとても大きな代償を払うことになることが、世界中の数多くの研究で明らかにされています。

ここでは、実際にアメリカの大学の授業時間中にスマホを使っておこなわれた実験を見てみましょう〔2-5〕。対象とされたのはコミュニケーションというトピックを扱った心理学の一二分間のビデオ講義でした。四七人の大学生の協力者は、あとで講義内容のテストがあるので授業を聞きながらノートを取るように言われました。その際、三つのグループに分けました。まず、集中グループ一九人にはスマホを片づけさせて、ビデオ授業だけに集中させました。残

表2-2　3つのグループごとの記述式テストと選択式テストの平均点(Kuznekoff & Titsworth, 2013)〔2-5〕

	集中グループ	低妨害グループ	高妨害グループ
記述式テスト	**16点**	10点	8点
選択式テスト	**66点**	59点	53点

りの二つのマルチタスクグループはいずれも、授業中にスマホに送られてくるメッセージにその場で返信しなければなりませんでした。送られてくるメッセージは、「ディナーに出かけるときのお気に入りのレストランの名前は？」とか、写真が添付されたメッセージに対して「この写真の感想は？」といったようなものでした。この二つのマルチタスクグループはメッセージを受け取る頻度が異なっていました。一方の妨害の少ない低妨害グループ一四人は平均すれば六〇秒間に一回の割合でメッセージを受け取り、もう一方の妨害の多い高妨害グループ一四人は三〇秒間に一回の割合でメッセージを受け取りました。

ビデオ講義が終わると、全員、自分のノートを見ながら三分間の復習時間が与えられました。この復習のあと、講義のなかの重要と思われることがらを思い出して書くという五分間の記述式テストがおこなわれました。引き続いて講義内容に関する一六問の選択式テストも実施されました。研究者自身が指摘するように、講義の情報量が多すぎたためテスト成績は全体に低いものとなりました。ここでは、この二つのテストを比較しやすいようにそれぞれ一〇〇点満点で点数化したところ、表2-2に示したように、いずれのテストでもスマホで妨害されることのなかった集中グループがほかの二つのマルチタスクグループよりも優れていました。また、妨害の程度が大きくなるほど成績も悪くなっていました。

このように、マルチタスクは注意の切り替えが必要なため、目のまえの課題に集中できず、結果として記憶が悪くなるのです。こうしたマルチタスクによる悪影響の理由は、ワーキングメモリの観点から説明されています。つまり、授業内容を理解するという課題をおこなう際には、関連した情報が一時的にワーキングメモリに蓄えられ、その情報に注意を向けながら理解を進めていきます。ところが、スマホに送られてくる別の課題に注意を振り向けている間に、ワーキングメモリ内の情報が消えてしまい、スムーズに理解が進まなくなってしまうのです。

ある心理学者は、注意をそらされると単語の記憶が二七％も悪化するという研究を引き合いに出したうえで、スマホを何度もチェックする（注意を切り替える）だけで、勉強時間への悪影響が複利計算のように積み重なり、余分に大きな時間的コストが増え続けると主張しています。仮に四時間で勉強を終わらせられるとしたら、スマホのチェックだけで余分に一時間、加えて送られてきたメッセージを読むと二時間四〇分も、余計に勉強時間がかかると言います。この時間的コストの計算には、メッセージに返信する時間を含んでいませんが、注意がそらされるだけでこれだけの時間的コストがのしかかってくるのです。

集中、中断、集中、中断、……

マルチタスクとは何も同時に二つ以上の作業をおこなうことだけを意味しているのではありません。パソコンやスマホの画面で複数のウィンドウ画面やタブを使いながらの複数の作業では、どれか一つの課題に集中して一定時間の作業をおこない、その作業をいったん中断し、別の課題に一定時間の作業を集中しておこない、また中断するということを繰り返すことも少なくないはずです。このような作業形態もやはりマルチタスクなのです。先の実験のように同時に二つ以上の作業を並行しているのではなく、一定時間ずつ集中してから中断しているので、何も問題がないように思えるかもしれません。けれども、自分ではそう感じていても実際はそうではありません。

この問題を明らかにするために、パズルを使った研究を見てみましょう〔2-6〕。この実験で使われたのは、指定されたルールにしたがってマス目に数字を入れていく数字パズルと、アルファベットの並びから国名を作る文字パズルの二種類でした。実験はまず、大学生一四〇人全員が前半の時間（一二分間）を使って、どちらか片方の課題を六分間おこなってから、もう一方の課題を六分間おこないました。そして、後半の一二分間が始まるまえに、シングルタスクをおこなうグループとマルチタスクをおこなうグループに分けられました。シングルタスクグループの七〇人は、前半と同じように片方の課題を終えてから、もう一方の課題をおこないました。一方、マルチタスクグループの七〇人は数分ごとに片方の課題を強制的に中断され、もう一方の課題に取り組まされることを何度か繰り返しました。こうして、前半から後半にかけての成績の変化を二つのグループで比べてみたのです。すると、シングルタスクグループの成績はほとんど変化がありませんでした。前半から後半にかけて、慣れてきたためか三%ほど成績が上昇しました。一方、後半で何度か課題が中断され別の課題に取り組まなければならなかったマルチタスクグループでは、前半に比べてその成績が一〇%ほど低下したのです。

完成欲求が尾を引く

いったいなぜこのようなことが起こるのでしょうか。先ほどの説明のように、ワーキングメモリから注意がそらされ作業が円滑に進まないことの悪影響というのも理由でしょうが、かなり長い時間、一つの課題に取り組むのですから、それだけでは十分に説明できません。実は私たちには中断された課題を最後まで完成させたいという強い欲求がそなわっていることが関係しています。比喩的に言うのならば、自転車や自動車がブレーキをかけてもすぐに止まれないのと同様、私たちは中断されてもすぐにその課題から注意をそらすことができないのです。

私たちが中断された課題や行為を完成させたいという強い欲求から逃れられないことは、今から一〇〇年ほどまえにドイツでおこなわれた有名な実験で証明されています〔2-7〕。この研究をおこなったのは、当時、ベルリン大学で学んでいたマリア・オヴシアンキーナというロシア生まれの女性研究者でした。そのため、中断された課題や行為を私たちが最後まで完成させたいという傾向は、彼女の名前をとってオヴシアンキーナ効果と呼ばれることがあります。

彼女の実験では、一二四人の協力者（一〇八人は大学生、一六人は子ども）に、さまざまな色の積み木で指定した形を作らせたり、ジグソーパズルを解かせたりするなど、さほど面白くはない一二種類の課題をおこなわせました。そして、いずれの作業もその途中で中断させて、別の作業を何分間かおこなわせました。こうして、別の作業が終わった時点で自由時間を与えたところ、中断させられた作業の続きを実行した人数の割合は八二％にも達したのです。このように、私たちは実行中の課題が終了しないままに中断されると、その中断された課題を完成させようという強い欲求をもっているのです。そのため、別の課題をおこなっている間にも、先に中断された課題のことを意識せずとも私たちは考えてしまうようなのです。

このことを別の形で確認したのが、オヴシアンキーナと同時期に、同じ研究室にいたブルーマ・ツァイガルニクというロシア人の女性研究者でした〔2-8〕。ツァイガルニクは、オヴシアンキーナと基本的に同じような課題を使い、一〇〇人を超える協力者に、半数の課題は最後まで完了させ、残りの半数の課題は途中で中断させました。そして、実験の最後に、記憶テストを抜き打ちでおこないました。すると、完了した課題よりも中断させられた未完了な課題のほうが、ほぼ二倍近く記憶に残るというツァイガルニク効果と呼ばれる現象を発見したのです。これは、オヴシアンキーナ効果と同様、課題が中断されると、意識せずともその課題のことを考えてしまい、それが記憶に残るからだと解釈されました。

私自身もこのツァイガルニク効果と類似した実験をおこなったことがあります。その研究ではアナグラムと呼ばれる文字の並べ替え課題を使いました。アナグラムとは、たとえば「らやくみ」とあれば、文字を並べ替えて「くらやみ（暗闇）」という意味のある単語を作るというものです。実験では、難易度の異なる問題を混ぜることで制限時間内に簡単に解読（完了）できる単語と解読できない（未完了）単語があらわれるようにしておきました。こうして、最後に抜き打ちで記憶テストをおこなったのです。その結果、七七人の大学生のうち解読語よりも未解読語の記憶成績がよかった人数は六七人（八七％）と圧倒的に多いことが明らかとなりました。

ちなみに、私も経験がありますが、失恋の記憶は忘れにくいと言われます。このとき、その別れ方に着目すると、自分が納得のうえで別れた場合(完了課題)よりも、相手から一方的にふられた場合(未完了課題)のほうが長く記憶に残ることが多いのです。これもまた一種のツァイガルニク効果と言えます。一方的にふられた場合(未完了課題)は、なぜそのようになったのかをあれこれと考え続けてしまうことで忘れられにくいのです。

閑話休題。マルチタスクでも本質的にはオヴシアンキーナ効果やツァイガルニク効果で起こるのと同じようなことが起こっています。つまり、目のまえの課題を一時的に中断して、別の課題をおこなっているときにも、その中断された課題のことを自分では意識しないまま考え続けているのです。事実、一〇〇〇分の一秒単位で判断時間を計測できるような厳密な実験手法を使うと、確かに中断課題に関連したことがらを本人が意識できないのに考え続けていることが明らかにされています。

4　不安の棚卸し

ステレオタイプの裏づけ

これまでマルチタスクは、本人がその悪影響を自覚していないにもかかわらず、集中力に悪い影響を与えるということを述べてきました。けれども、集中力に悪影響を与えるのは何もマルチタスクだけではありません。たとえマルチタスクをしていないときであっても、何らかの心配ごとや不安があると、目のまえのことに集中できないという経験は誰にでもあるはずです。ここでは、このような不安と集中力の関係にワーキングメモリの観点から焦点を当て、学習や記憶との関係について考えてみましょう。

一般に、ステレオタイプとは、はじめにで述べたマインド・セットと類似の概念で「女性は男性よりも理数系科目が苦手である」とか「高齢者は若者に比べて記憶力が劣っている」などといったエビデンスのない固定観念のことを指します。私たちの身のまわりには、さまざまなステレオタイプが蔓延していて、誰もがそのステレオタイプに自分が当てはまるかどうかを常に気にかけて不安を感じています。

ここでもっとも重要な点は、このステレオタイプにもとづく不安のために集中力が妨害されてしまい、実際の行動が悪影響を受けステレオタイプ通りの行動をとってしまうということです。たとえば「女性は男性よりも理数系科目が苦手である」というステレオタイプがあるために、女性が理数系科目を学ぼうとする場合、観察され評価されるという不安を強く感じ、学習に集中できなくなって成績が悪くなり、その結果「女性は男性よりも理数系科目が苦手である」というステレオタイプを裏づけてしまうことが起こりえます。

なぜこのようなことが起こるのでしょうか。一つの有力な説明は、マルチタスクが悪影響を与えるという説明と類似したものです。観察されたり評価されたりするという強い不安が生じると、目のまえの課題とは無関連な思考(たとえば、自分がうまく課題をこなしているかなど)が次々と自動的に湧き上がってきます。これらが集中力を妨げ、課題の実行の際に必要となるワーキングメモリに悪影響を与えてしまいます。その結果、不安がなく集中できるときよりも、学習や記憶が悪化してしまうと考えられているのです。

もしこの説明が正しければ、不安を解消することによって、目のまえの課題に集中することが可能となり、学習や記憶が良くなると予想されます。実際、多くの研究でステレオタイプには根拠がないことを納得させると、集中力が高まり学習や記憶の悪化が消失することが確かめられています。

同様に、たとえば各種の試験をまえにして、テストでよい点がとれるかという不安があって勉強に集中できない場合、一つの方法として、その不安を紙に書き出すと集中できるということもわかってきています。要は、どのような不安や心配ごとであれ、それを頭のなかに抱え込まずに、外に追い出してしまう「不安の棚卸し」とでもいったことが集中力を高めるために効果的なのです。

マインドレスからの脱却

この章では、注意の及ぶ範囲の狭さや集中力を妨げる種々のことがらについて見てきました。何度も繰り返しますが、記憶にとってすべてに最優先されるのは集中力を高めることです。アメリカの発明家トマス・エジソンは、目的をもった集中の大切さについて説いています。仮に朝七時に起きて夜一一時に寝るとしたら、毎日一六時間の時間が使える。多くの人はその時間のなかで、いろいろなことをしようとする。しかし、自分はただ一つのことしかしないし、その時間を一つの目的のためにしか使わない。なぜなら「これだけは」というただ一つのことをすれば、その時間は心身とも集中でき、目的は必ず達成されるからである。ひいてはそれが成功にもつながる。そのようなことを語っていたそうです。

けれども、マルチタスクやスマホに囲まれている私たちの日常生活は、集中力を妨げるものであふれています。たとえば、最近の研究では、そばにスマホが置かれているだけで、目のまえの課題に集中できなくなり、うまく課題をこなせなくなることもわかってきました。その理由は、ふだんからスマホを頻繁に利用していると、視界にスマホがあるだけで、目のまえの集中しなければならない課題とは無関係なスマホに関連した思考（たとえば、メールやＬＩＮＥ、ネット検索、ネットゲームなど）が自分では抑えたくても次々に湧き上がってきて、ワーキングメモリに悪影響を与え、目のまえの課題がうまくこなせなくなるからです。

一九世紀のアメリカに生きたヘンリー・ソローは、作家、詩人、思想家、博物学者といった幅広い肩書きにとどまらず、一人文明を離れ、ウォールデンという湖のほとりに自分で小屋を建て、二年間にわたって暮らしたことで有名です。ソローは豊かな自然に囲まれ、自給自足の生活を送りながら、何物にも邪魔されることなく思索を深めました。

もちろん、二一世紀に生きる私たちが、そのような静かな日々を送ることは現実的ではありません。私たちができるのはマルチタスクを避け、一つ一つの課題や作業のあいだに気分転換などを入れて明確に区切ること、課題や作業に取り組む際には、スマホはもとより余計なことを考えてしまうものを目のまえから取り除くことなどでしょう。

ただし、気分転換のつもりで別のデジタル機器を使うのはよくありません。ソローは散歩をこよなく愛し、『ウォーキング』（一八六二年）という書物も著しているほどです。その理由は何よりも時々刻々と変化する自然と触れ合えるからでした。そのような散歩が私たちには無理であるとしても、少なくとも気分転換の際にデジタル機器から離れて短時間だけでも体を動かすことが好ましいのです。

そのうえで、一日のわずかな時間だけでも、ソローの生活のように何事にも邪魔されずに、過ごす時間をもつことが必要でしょう。それが「今この瞬間」の自分の状態に能動的に注意を集中するというマインドフルネスと呼ばれる状態なのです。マインドフルネスとは、もともと禅に通じる部分が多くあります。禅と言われますと、多くの方は何も考えない無心の境地をイメージすると思います。けれども、実際には「今この瞬間」に感じていることや思い浮かぶことなどに全神経を集中することがマインドフルネスなのです。

私たちは、ともすれば、過去の出来事や未来の心配ごとにとらわれて、それらに振り回されがちです。安土桃山時代から江戸時代にかけて臨済宗の僧として活躍し、一説には沢庵漬けを考案したとも言われる沢庵という人物をご存じでしょうか。その沢庵が著した『不動智神妙録』という書物は、心のとらわれから離れる術を説き、禅と剣の道を橋渡ししただけでなく、生きる心構えとして今なお有用なものです。このなかで、沢庵はそもそも心に思い浮かぶことを無くしてしまおうと思うと、そう思うこと自体が心の邪魔物になるから、無心になろうなどと思わないことが自然に無心につながると主張しています。

誰にでも自分がそれに没頭できる楽しい活動があるはずです。おそらく、その活動にたずさわっているときは、ほかに余計なことを考えることなく、ただただ目のまえの活動に集中しているはずです。まさに、これこそがマインドフルネスの中核をなしているものなのです。

私たちはマルチタスクに追われ「心ここにあらず」というマインドレスの状態から、目のまえのものごとだけに集中するマインドフルネスの状態になる環境を創意工夫しなければなりません。これこそが、記憶はもとより日々の生活においても優先すべきことなのです。

第3章

イメージ記憶術

イメージとは、目のまえにない対象や概念を心のなかに思い浮かべることを指します。たとえば、過去のイメージであれば、通っていた小学校の教室のようすや初恋の人の顔など、無数にあることでしょう。また、未来のイメージであれば、スポーツや演奏などの本番での動きもあれば、自分が仕事で活躍している姿など、こちらも無数に思い描けるはずです。

アメリカの作家、マーク・トウェインは、『トム・ソーヤーの冒険』や『ハックルベリー・フィンの冒険』など、ユーモアにあふれた作品で知られています。一方で、トウェインは心霊現象や無意識などの心の神秘に強い関心をいだいていました。たとえば、死んだ弟が棺のなかに横たわっている姿を夢で見た数週間後に、本当に弟が死んでしまい、夢で見たのとまったく同じ姿だったという体験を書き残しています。おそらくはこのような神秘体験の延長線上なのでしょうか、超人的な記憶力を獲得できる記憶術にも興味をもっていました。残念ながら、複雑すぎて商業的には失敗したものの、一八八五年には歴史上の重要な年号や出来事を覚えるための独自の記憶術を考案して特許権まで取っています。

このトウェインの記憶術の核となる原理は、イメージを駆使するという点にありました。トウェインに言わせると、数字は人に訴えてくるものをもっていないので覚えにくく、イメージというものは心に印象を強く焼き付けるので覚えやすいというのです。彼は頻繁に夢を見ていたようで、自分の弟の死を予知したという夢を折にふれて語り、夢は絵と同じイメージなので長い年月が経っても、鮮明に思い浮かべられると豪語していました。これらの体験をもとに、何であれイメージに変えることが記憶を良くする秘訣だという考えに至ったそうです。

トウェインによるイメージを利用した記憶術は、トウェインの個人的体験だけにもとづいているとはいえ、多くの方が納得するはずです。この章では、なぜイメージが記憶に有効であるかを調べた研究について順を追って見ていきましょう。

1　イメージを活用する

記憶範囲を超える

第2章の記憶範囲のところで、一度見聞きしただけで覚えられる数字の個数は、おおむね七個程度だということを説明しました。かつて私がある国立大学に助手(今でいう助教)として勤めていたとき、授業のなかで学生たちの記憶範囲を調べたことがあります。特筆すべきは、その大学の学生は知的にとても優秀であり、いわゆる知能テストでも一五〇以上のスコアを出す者が大半を占めていたということです。一般に、知能テストは一〇〇が平均的なスコアであり、一四五を超える者が人口に占める比率は〇・一%程度と言われています。そのような知的に優秀な彼らであっても、数字の記憶範囲はやはり七個程度でした。

ところが、一人の女子学生だけが一三個を難なくクリアしたので、そこにいた学生たちも私もとても驚きました。しかも、用意していた数字は一三個までだったのですが、彼女はもっと数が増えても大丈夫だと言ったのです。いったいどうやって覚えたのかを彼女に尋ねると、彼女は得意のソロバンのイメージを頭のなかに思い浮かべていたというのです。読み上げられる数字を一つずつソロバンの玉の並びとしてイメージに変え、思い出す際にはその玉の並びのイメージをもとに答えていたそうなのです。

実際、日本人のソロバンの熟達者三人(一四歳の女子中学生、一五歳の男子高校生、二三歳の女子大学生)を対象にした研究でも、数字の記憶範囲は一五〜一六個という高い数値が得られています。ただし、数字の代わりに「C」「V」などのアルファベットを使った場合の記憶範囲は、ソロバンの玉の並びのイメージが使えないので五〜八個と平均的なレベルでした。これらの結果から、自分の使い慣れているイメージを活用すれば記憶を高める効果があると言えそうです。

このように、イメージを使うことで記憶範囲を超えてしまうほどの無意味な数字の羅列が一つのイメージとして関連づけられて構造化されるようになります。つまり、イメージを使うことで、第1章の『風船の話』を理解するために役に立つ絵(図1-5)と同様、多くの情報を関連づけて圧縮するので、理解や記憶がスムーズに進むことになるのです。

「限界は自分がつくる」

もう少し記憶範囲の話を続けましょう。第2章で書いたように、円周率を一〇万桁も暗唱できる原口さんの記憶範囲は七個でした。この数値そのものは、年齢が二〇代や六〇代の協力者の成績と変わらないものです。数字が読み上げられる場合は、数字を聞き取ると同時に覚えておくという作業だけでワーキングメモリがいっぱいとなって、得意の語呂合わせを使うことができないのです。

実は、私がおこなった実験は、数字を一つずつ読み上げてそれを覚えてもらうという方法だけではありませんでした。読み上げるかわりに、パソコンの画面に一つずつ数字を見せるという方法でも調べています。ふつう、このように数字を見て覚える場合の記憶範囲も、やはり七個程度になることが知られています。事実、このときも私が調べた二〇代の協力者の記憶範囲は七〜九個でその平均値は七・八個でした。また、六〇代の協力者の記憶範囲も五〜九個でその平均値は七・三個でした。これに対して、原口さんの記憶範囲は一三個と群を抜く成績だったのです。

いったいなぜ、原口さんは数字を一つずつ見せられる場合に、これほど記憶成績が良くなるのでしょうか。その理由は、数字の聞き取り作業が不要なので、原口さんが無意味な数字を語呂合わせによって意味のあることがらに即座に変換できるからなのです。しかも、こうして語呂合わせによって意味づけをすると同時に、それをイメージに変えることもおこなっています。原口さんは数字の羅列を語呂合わせによって意味づけ、それらを互いに関連づけることによって、いくつものストーリーを作り上げて覚えています。その際にも、イメージを併用しているようです。ただ、原口さんの話によりますと、意図的にイメージを作るのではなく勝手にイメージが湧き起こってくることのほうが多いそうです。

原口さんよりも以前に、円周率の暗唱記録をもっていた日本人の一人が、友寄英哲《ともよりひであき》さんです。友寄さんは原口さんの一三歳年長で、原口さんの円周率暗唱に関して数多くのアドバイスを与えたそうです。友寄さんも「限界は自分がつくる」というマインド・セットをもち、一九八七年の五四歳のときに、円周率四万桁暗唱という当時の世界記録を打ち立てました。友寄さんも数字と文字の独自の対応表を作り上げて、無意味な数字を意味のあるものに変換していました。この友寄さんが六六歳の一九九九年に私はその記憶能力について調べています。友寄さんの数字の記憶範囲は聞かせた場合が一〇個、見せた場合が八個という値でした。このときに、私が調べた六〇代一八人のなかで、もっとも成績の良い協力者が、聞かせた場合も見せた場合もいずれも九個という値でしたので、友寄さんが並外れた成績であるとは言えませんでした。ただ、円周率暗唱の世界記録の達成から一二年もの年月が経過していたために、ごく短時間で語呂合わせを使うのが難しくなっていることも関係していたのかもしれません。

友寄さんも語呂合わせを使って円周率を覚えていたのですが、原口さんとは異なり、まず円周率を一〇桁ずつに区切りそれらの数字を語呂合わせで意味づけると同時に、意図的にイメージを作り上げているのが特徴です。たとえば、円周率の小数点以下の最初の一〇桁の「１４１５９２６５３５」の場合、「１４１」は「都市の」、「５９２」は「黒人」、「６５」は「婿」、「３５」が「サンゴ」というように意味づけたあと、それらを関連づけて「都市の黒人の婿にサンゴをあげた」という短いストーリーを作り、この場面全体を一つのイメージに変えているのです。こうして、友寄さんはそれだけでは意味のない四万もの数字を四〇〇〇枚の場面に圧縮されたイメージとして覚えているのです。

さらにまた、友寄さんの円周率の覚え方のもう一つの特徴は、一〇桁ずつのそれぞれに番地を付け、その番地も語呂合わせによる意味づけとイメージによって、各番地のタイトルにしていることです。こうすることで任意の桁の数字を自由に言うこともできるのです。たとえば一三〇桁台の一〇桁の「５０５８２２３１７２」の場合、まず、番地「１３」を「遺産」とします。そして、「５０５８」が「五万小判」、「２２３１」が「包みの」、「７２」が「地図」としたうえで、これらを関連づけて「地図に遺産の場所が書いてある」という短いストーリーを作り上げています。こうすると、指定された桁の数を答えることがたやすくなります。この例の場合、一三四桁目の数字を聞かれたら、まず「遺産」を思い出し、その番地の「五万小判包みの地図」(５０５８２２３１７２)の四桁目なので、「８」と答えるのだそうです。友寄さんはこの意味づけとイメージを使った記憶法をルービックキューブと呼ばれる立体パズルの動きを覚えることに応用しています。そして、八〇歳の二〇一三年には、目隠しをしてルービックキューブを二六分二九秒で完成させるという最高齢での世界記録も打ち立てています。

いずれにしても、覚えるべき対象を意味づけることに加えて、イメージも活用してそれらを関連づけることが、記憶を向上させる有効な方法の一つなのです。

2　百聞は一見にしかず

絵や写真は記憶に残る

イメージを扱うまえに、絵や写真が記憶に残ることを明らかにした実験から見ていきましょう。ある古典的な実験では、図3-1に示したように、ごく日常的な光景のモノクロ写真を二〇〇枚用意し、大学生五六人を対象に、写真一枚あたり五秒間ずつ見せて覚えてもらいました。こうして二〇〇枚の写真を見せたあとに、これらの写真をどれだけ覚えているかについて調べました。

図 3-1　実験で使われたものと類似した写真の例

絵や写真の記憶をテストする際には、ことばの記憶テストとは異なり、ゼロから思い出してもらうという方法が使われることはまれです。その理由は、そもそも絵を描く能力の個人差が大きいので描かれた絵をもとに記憶成績を正しく測定するのが難しいためです。つまり、たとえ完璧に覚えていたとしても、絵が稚拙であれば、最悪の場合、〇点になってしまうからです。そこで、学校の試験などで実施される正答とそれ以外を混ぜて選ばせる選択式テストで記憶を測定するのが一般的です。具体的には、実際に見せた絵や写真だけではなく、見せていないものも混ぜて、一枚ずつ「見た」か「見ていない」という判断を求めるわけです。

この実験では、二〇〇枚の写真を見せた直後に、テストとして「見た」写真二〇〇枚と「見ていない」写真二〇〇枚をバラバラに混ぜて、一枚ずつ判断を求めました。ここで注意しなければならないのは、でたらめに「見た」と答えても五〇%の確率で正解になるということです。実験の結果、見た写真を正しく「見た」と答えることのできた正答率の平均は九五%でした〔3-1〕。しかも、協力者の大学生を一年後に集めて、もう一度同じ写真の記憶を調べてみたところ、依然として六三%という高い正答率でした〔3-2〕。

第1章のエビングハウスの忘却曲線では、一時間で半分以上の五六%が忘れられるという忘却のスピードと比べると、写真の記憶の忘却のスピードが相対的に遅いことがわかります。このように、ほかの数多くの研究でも、写真や絵の記憶が優れているという知見は何度も確認されています。ただし、この実験では材料に写真しか使われていませんので、同じ写真をことばだけで表現した場合と比べて、本当に写真の記憶のほうが優れているのかは明らかではありません。

そこで、次に写真だけでなく、ことばや絵(線画)も加えて比較した実験を見てみましょう〔3-3〕。この実験で使われた材料は、先ほどの図3-1に示したモノクロ写真と、写真の内容をことばで表現した文(たとえば「ほほえんだ老人が小さな女の子を抱いている」)でした。また、図3-2に示したように、写真をもとに背景まで詳細に描かれた線画(上図)、中心となる情報だけを描いた簡略化された線画(下図)も使われました。こうした四つのタイプの材料を一二〇種類ずつ用意したあと、大学生一二八人をほぼ三〇人ずつの四つのグループに分けて、それぞれ

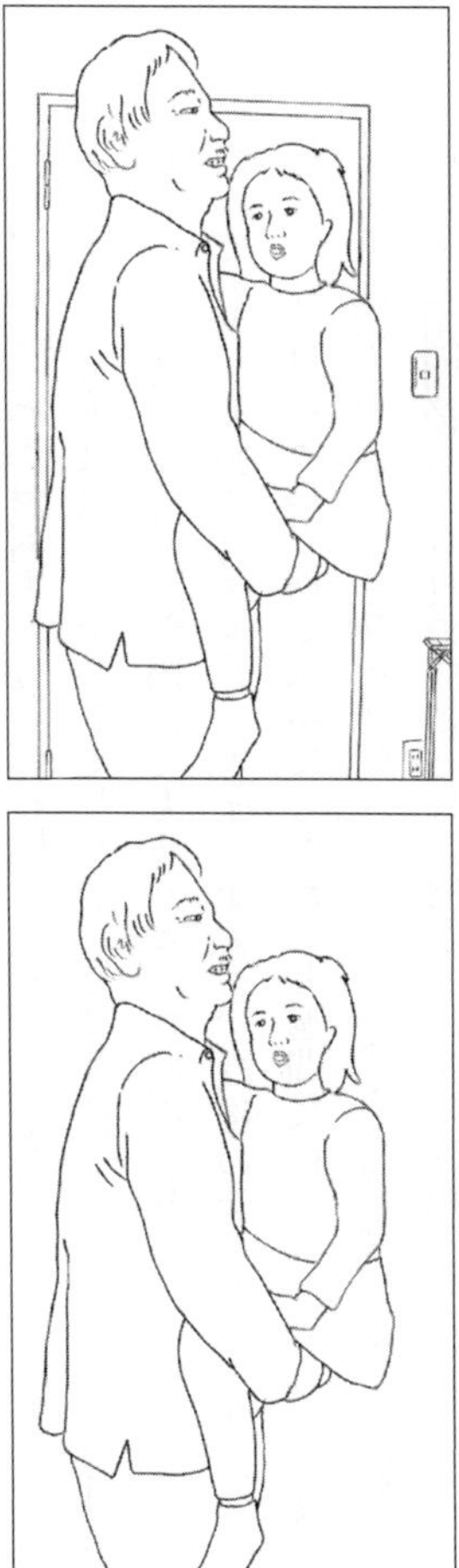

図3-2 実験で使われた詳細な線画(上図)と簡略化された線画(下図)の例

のタイプの材料を一つの材料あたり一〇秒間ずつ見せました。

今度も、記憶テストは選択式テストでしたが、見せた材料と見せていない材料をペアにして並べて見せ、どちらを「見た」か選んでもらうという形式でした。やはり、このテストもでたらめに選んでも五〇％の正答率となります。すると、直後のテストでは文の記憶（九五％）と写真の記憶（九八％）はほとんど同じ成績でしたが、七週間後にテストすると、文の記憶（七二％）よりも写真の記憶（八八％）のほうが優れていました。なお、詳細な線画と簡略化された線画は、覚えた直後も七週間後も、写真の成績とほぼ同じレベルの成績でした。

顔の記憶

なぜ写真や絵のほうがことばよりも記憶成績がよくなるのでしょうか。一つのシンプルな考え方は、写真や絵の場合、どれも情報量が多くそれぞれが特徴的で互いに区別しやすいので覚えやすいというものです。このことを理解する例として、人の顔の写真とその名前を比べて考えてみましょう。たとえば「ほのか、ゆうや、ほのみ、みゆ、あゆみ、みはる、みお」という子どもの名前が与えられた場合はどうでしょうか。人の名前だということはわかっても、それぞれは三文字か二文字かとか、「み」のつく名前が多いとか、男の子の名前と女の子の名前が混じっているようだなどということ以外の区別はほとんどありません。これに対して、この七人の子どもの顔写真を見れば、それぞれの顔の特徴が明らかになり、互いにすぐに区別がつくので、はるかに覚えやすくなるはずです。

ここで例にあげた名前より顔の記憶のほうがよいということについては、大学教員を対象に調べたユニークな研究があります〔3-4〕。この研究に参加したのは二一人の大学教員(三六歳から七五歳)でした。彼らはみな、毎年四〇人程度の新入生のクラスを受けもち、週に三～五回、一〇週間にわたってクラスの学生と顔をあわせていました。この一〇週間の授業が終了して、一一日が経過してから、名前と顔の記憶をテストしてみました。まず、顔の記憶テストでは、自分の教えた学生の顔写真一枚に教えていない学生の顔写真四枚を加え、この五枚の顔写真のなかから自分の教えた学生の顔写真を選んでもらいました。次におこなった名前の記憶テストでは、実際に教えた学生の顔写真を見せて、その名前を思い出してもらいました。その結果、顔を覚えていた割合は六九%(でたらめに答えても二〇%の正答率)であったのに対して、名前を覚えていた割合は三六%と低い値でした。その後、同じ記憶テストを使って一年後、四年後、八年後にも調べてみたところ、顔の記憶は四八%、三一%、二六%と低下しました。一方、名前の記憶では、六%、三%、〇%と急速に忘れられていきました。この結果を見ると、ことばである名前の記憶よりも、顔の記憶のほうが、長く残ることがわかります。

ただし、この研究では、クラスを受けもっていた一〇週間の間に、おそらく名前を呼ぶ回数よりも、顔を見る回数のほうがはるかに多かったことが影響していると思われます。この回数の違いのために、名前よりも顔の記憶のほうがよくなったという可能性も否定できません。

とはいえ、名前が私たちにもたらす情報は写真や絵に比較すれば、皆無といってよいほど少ないのです。一九世紀のイギリスの経済学者であり思想家としても活躍したジョン・スチュアート・ミルは、その著書『論理学体系』(一八四三年)のなかで、名前などの固有名詞が何の意味ももたないと主張しています。ミルは『アラビアン・ナイト』の『アリ・ババと四十人の盗賊の物語』のなかで、盗賊たちが探り当てたアリ・ババの家の戸に印を付けたことを引き合いに出し、その印はアリ・ババの家の特徴を何一つあらわさず、ただ単に他の家との区別にしかならないと述べています。

これらのことから、ことばで記述されているものを写真や絵であらわすことができれば、マーク・トウェインの言うように、それらを記憶にしっかりと残すことが期待できると考えられます。

3　イメージへの変換

関連づけの原則

写真や絵が実際に記憶を向上させることはわかったので、ここからはイメージと記憶の関係について考えていきましょう。古代ギリシア以来、記憶を向上させる記憶術と呼ばれる技法はさまざまなものが工夫されてきました。これらは細かいテクニックの点では異なっていますが何らかのイメージを活用するということでは共通しています。つまり、マーク・トウェインの主張するように、覚えなければならないことがらをイメージに変換することは、それを写真や絵として覚えることと本質的には同じことであり、記憶に残りやすくなるわけです。

ただし、見落とされがちなことなのですが、ただ単に覚えたいことがらをイメージに変えればよいというものではありません。ここまで見てきたように、写真や絵の記憶もそのままでは、時間の経過による忘却をまぬがれることはできません。これを少しでも防ぐためには、覚えておきたいことがらのイメージだけではなく、そのイメージを確実に引き出せる手がかりとなるイメージと関連づけて構造化しておかなければならないのです。

この関連づけの原則は、古代ギリシアの詩人であったシモニデスの有名な故事にさかのぼることができます。あるとき、シモニデスが大勢の出席者のいる宴席に招かれて、自分の詩を披露していました。ところが、シモニデスが宴席の途中で会場の外に呼び出されたところ、会場の天井が突然崩れ落ち、そこにいた全員が瓦礫の下敷きになって死んでしまったのです。死者を埋葬するために、身内の者たちがやってきましたが、遺体がどれも押しつぶされていて誰が誰だか見分けがつきませんでした。このとき、シモニデスはそれぞれの人たちが居た宴席の「場所」のイメージを思い出して、それぞれの「場所」を手がかりとして一人一人のイメージを呼び起こすことで、全員の身元を明らかにすることができたのです。

シモニデスは、この体験にヒントを得て、何かを覚える際には、覚えたいことがらをよく知っている「場所」に一つずつ順番に関連づけて覚え、思い出す際には「場所」のイメージを思い浮かべ、それを手がかりとして、もとのことがらのイメージを引き出すという記憶術を作り出したと言われています。この方法の利点は、手がかりとなる「場所」を順にイメージのなかでたどっていけば、一つももらさず、すべてを順序通りに思い出せるという点にあります。

その後、この種の記憶術は、演説などのことばによって他人を説得する弁論術において内容を順序立てて記憶するために、頻繁に利用されました。そして、中世にかけては修道院内のさまざまな場所や星座といったように、どのような「場所」をイメージとして事前に用意するのがよいかといった実用的な研究が数多くおこなわれていました。

驚異の超記憶力者

このようなイメージと「場所」を関連づける方法を実践して、昭和初期に世界一の記憶力をもつ日本人として知られていたのが、石原誠之でした。島根県生まれの石原は、高等学校の卒業の頃から記憶術に強い興味をいだくようになり、その後、舞台で記憶術を披露するプロの記憶術家となりました。石原は一九三三年に、二〇〇個の数字を五分五四秒で順序通りに完璧に覚えて、当時の世界記録を打ち立てたのです。それまでの世界記録はドイツのリュクレという人物の一八分一一秒でした。この石原を対象に、当時の東北帝国大学で心理学を学んでいた大学院生の薄田司《すすきたつかさ》（のちの金沢大学教授）が、彼の数字の記憶力に関する実験をおこなっています〔３-５〕。

その実験から明らかになったのは、石原の記憶術の根幹をなすのが、卓越したイメージ能力の活用と関連づけであるということでした。まず、意味のない数字を日本語特有の語呂合わせによって意味づけると同時に、それをイメージに変えます。ここまでは原口さんや友寄さんと

①故郷の家の前の畑に梨(74)が植わっている

②畑と家の間の小川に鮒(27)が泳いでいる

③母屋の前に麦(69)畑がある

④家の田んぼのそばにきれいなお宮(1138)がある

図3-3　石原が思い浮かべた個々のイメージと全体を関連づける「場所」のイメージの例

同様の方法ですが、それに加えてシモニデスの使った「場所」のイメージを活用して覚えておきたいものを関連づけています。

たとえば、二〇個の数字「７４２７６９１１３８９０９２５１０３４６」がある場合には、数字をいくつかに区切り、「７４」が「梨」で、「２７」が「鮒」、「６９」が「麦」、「１１３８」が「いい宮」、「９０」が「熊」、「９２５」が「国(の)子」、「１０３」が「ひとみ」、「４６」が「白」と意味づけ、それぞれをイメージに変えます。そして、石原がよく知っている故郷の島根の「場所」をイメージして、風景や出来事と組み合わせ、図3-3に示したような全体を関連づけ構造化したイメージを作るのです。具体的には「故郷の家の前の畑に梨(７４)が植わっている」「畑と家の間の小川に鮒(２７)が泳いでいる」「母屋の前に麦(６９)畑がある」「家の田んぼのそばにきれいなお宮（１１３８）がある」「親戚の家では熊（９０）を飼っている」「友人の家のまえで国旗を子ども（９２５）が振っていた」「知人の家にきれいな瞳（１０３）をした少女がいた」「田舎には珍しい白（４６）い壁の家がある」という順序をもった一種のストーリーのイメージを作るのです。思い出す際には、これら慣れ親しんだ「場所」のイメージを順にたどって数字を一つずつ思い出していくわけです。

石原の例からも明らかなように、イメージと「場所」を関連づけるという方法は、覚えた記憶をもれなく思い出すことに絶大な効果をもたらします。そこで、現代でもなお、トランプの絵札や顔写真などを材料として、どれだけ覚えられるかという記憶力を競い合う大会でも広く使われています。

イメージ記憶は万能ではない

ここまではイメージを活用すれば、うまく記憶できるということについて説明してきました。けれども、イメージの活用には二つの大きな問題点が存在しています。その一つは、あらゆることがらをすべてイメージとして思い浮かべることができるわけではないということです。私が大学生のときに読んで今なお覚えているのが、日本文学者であり評論家でもあった板坂元の

『何を書くか、どう書くか』という著作で例に出されていた、第二次大戦中におこなわれたウィンストン・チャーチルの演説のことです。当時の英国首相チャーチルはこの戦争の勝利を目指す有名な演説をおこないました。その演説の終盤のクライマックスは「私が祖国に対してできることは、血と労力と涙と汗以外に何もない」というものでした(板坂は「労力」ではなく「努力」と訳しています)。板坂によれば、たいていの人はこの演説の「血と涙と汗」は記憶しているが、「労力」は記憶していないといいます。その理由は「血」「涙」「汗」は誰もがすぐにイメージを思い浮かべられるものですが、「労力」は抽象的な概念なのでイメージが浮かびにくく、そのため記憶に残らないというのです。事実、数多くの心理学の実験では「つくえ」「えんぴつ」などの具体語のほうが、「意見」「魂」などの抽象語よりもイメージを思い浮かべやすいので、記憶に残りやすいことが実証されています。

イメージの活用に関するもう一つの問題点は、そもそも、イメージを思い浮かべる能力にとても大きな個人差があるということです。このことを科学的に研究したのは、進化論の提唱者として誰もが知っているチャールズ・ダーウィンの従兄弟であったイギリス人のフランシス・ゴールトンでした。ゴールトンは一九世紀から二〇世紀の初頭にかけて、実にさまざまな分野(地理学、気象学、心理学、統計学など)で独創的な研究を数多くおこないました。

そのゴールトンの興味はイメージにまで及び、一〇〇人のイギリス人の男性に朝食の食卓を思い浮かべてもらい、そのイメージについてさまざまな質問（鮮明さ、明るさ、色など）をおこなっています〔3-6〕。すると、実際に目のまえに食卓があるのと同じくらい鮮明なイメージをもつ者がいる一方で、まったくイメージを思い浮かべられない者もいたのです。たぶん、みなさんのなかにもイメージを思い浮かべるのは苦手だという方も少なくないと思います。

これらイメージの活用の際の二つの問題点から考えると、ここまで述べてきたイメージを活用した方法からは得るものが少ないように思われるかもしれません。それは違います。イメージの活用で用意しなければならない「場所」のイメージは、各人がすでによく知っている「場所」になります。現代の私たちなら、住み慣れた家のなかの「場所」や通勤・通学途中の「場所」などになるでしょう。これらの個々のことがらを関連づける「場所」イメージとは、見方を変えれば私たちがすでに記憶している知識と読み替えることができるのです。第1章で説明したように、記憶を向上させる意味づけに共通するのは、自分のもっている知識の活用なのです。そうだとすると、シモニデス以来のイメージと「場所」イメージの関連づけによる記憶の向上は、第1章の記憶の原理と本質的には同じものになります。

その第1章で詳しく説明していないのが、記憶を向上させる意味づけを可能にするためには、どのような知識が必要かということでした。次にこのことを中心に見ていきましょう。

4　知識を構造化する

意味づけと関連づけのテクニック

もう一度、記憶範囲の実験に戻りましょう。第2章で記憶範囲は基礎的な記憶能力を調べるものだと述べました。実際のところ、この記憶範囲は繰り返し練習しても、せいぜい数個程度しか増大しないことが古くから明らかにされてきました。ところが、一九八〇年におこなわれた記憶範囲の研究では驚くべきことが起こったのです。もともとの数字の記憶範囲が七個であったごくふつうの二〇歳の大学生を対象に、それまでにないほどの長期間(二年間、のべ二五〇時間)にわたって練習させたところ、その記憶範囲が八〇個まで増えたのです(3-7、3-8)。

この大学生は、いったいどのようにして、記憶範囲をこれほどまで増やせたのでしょうか。最初のうちは、彼も聞こえてくる数字を頭のなかで繰り返すなどして覚えていました。ところが、練習が始まって数日経ったときに、数字が陸上競技の記録(たとえば、「418」は一マイル走「四分一八秒」)に読み替えられることに気づきました。実は、この大学生は陸上競技の選手で、トラック競技、クロスカントリー、マラソンなどをこなしてきました。そのため、陸上競技のさまざまな記録をよく知っていました。そこで、この豊富な知識を使って数字を意味づけるという方法を使い出したのです。彼は、聞かされる数字を三〜四個ずつに分けて、それぞれを自分の馴染みのある陸上競技の記録として覚えたのです。たとえば、「３４９２」なら、「三・四九・二（三分四九秒二）」と読み替えて、一マイル走の世界記録級のタイムといったように意味づけました。どうしても、陸上競技のタイムが使えない場合、知っている年号（たとえば「１９４３」は「第二次大戦の終わり頃」）などに読み替えていました。

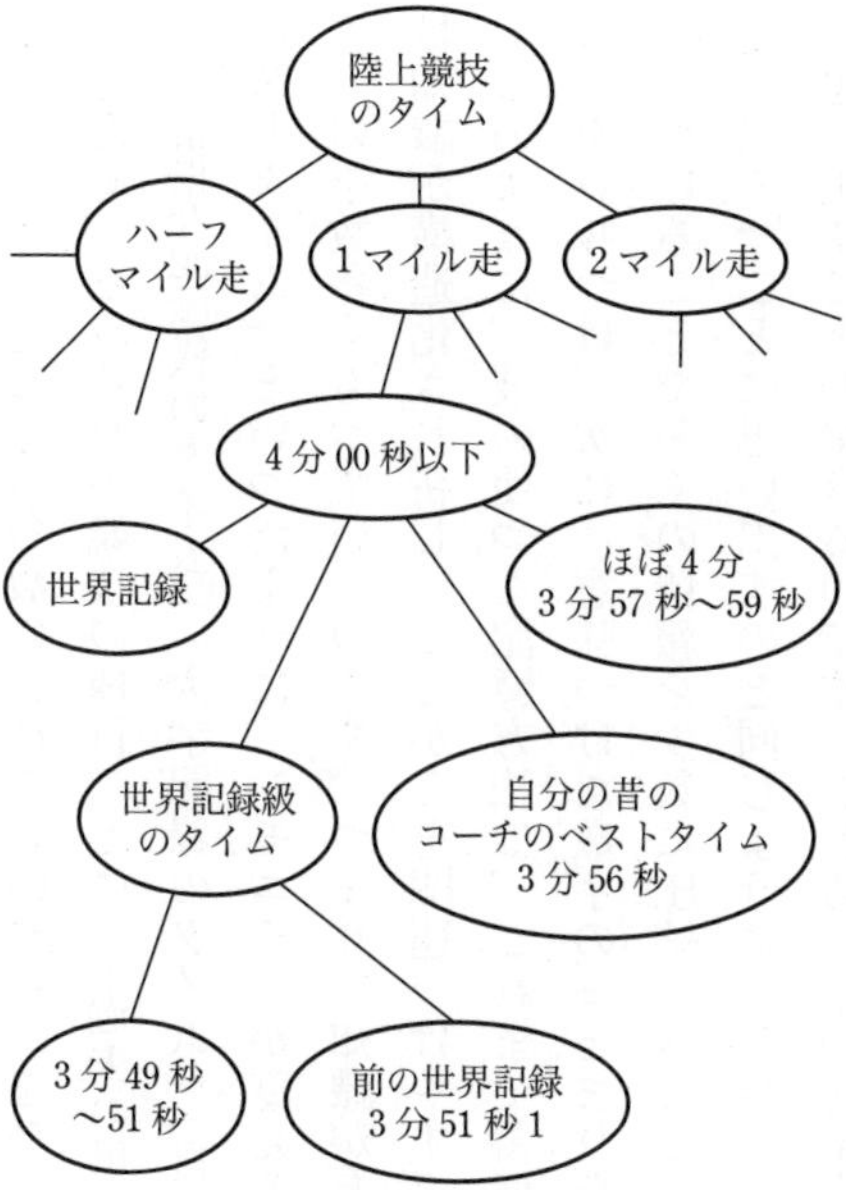

図3-4　構造化された陸上競技のタイム
(Chase & Ericsson, 1981)〔3-8〕

　しかも、図３-４に示したように、彼の知識は構造化されていたので、ハーフマイル走、一マイル走、二マイル走などの多数の競技ごとのタイムをひとまとめに関連づけることができました。そのため、それぞれの競技の種目ごとに、「過去の世界記録のタイム」「現在の世界記録のタイム」「世界記録級のタイム」「大学記録のタイム」「自分のベストタイム」「自分の昔のコーチのベストタイム」といったように、シモニデスが覚えることがらに関連づけた「場所」に該当するものを数多くもっていたのです。つまり、知識があればよいということではなく、重要なのは知識が構造化され新しいことがらを関連づけやすくなっているということなのです。

このように、彼の使った記憶方法は、これまで蓄積してきた陸上競技の知識によって、まず数字を意味づけ、次に、意味づけた数字のまとまりを関連づけて蓄えるというテクニックです。意味づけることで多くの情報を少数に圧縮することができます。そして、シモニデスの記憶術で「場所」ごとに思い出すのと同じように、それらの情報を関連づけておくことで、スムーズに思い出すことができるのです。これら数字の記憶方法は、イメージこそ使っていませんが、すでに説明した原口さんや友寄さんの使っている方法と本質的には同じものです。ただし、数字の記憶範囲を八〇個まで伸ばした彼も、数字ではなくアルファベットの記憶範囲となると、陸上競技の知識による意味づけや関連づけがまったくできないために、その成績は六個という平均的なものでした。

思い出す手がかりをつくる

記憶範囲の話は数字だけに特化していますが、基本的に、どのような材料であっても、同じ原理を使うことができます。ここでは覚える際に構造化による関連づけが記憶を向上させることを明らかにした実験を見てみましょう〔3-9〕。この実験は条件や方法がかなり複雑なので、そのエッセンスだけを紹介することにします。実験では協力者の大学生に一〇〇個を超える単語を覚えてもらいました。たとえば、金属や岩石に関連した次の単語を一度に見せられて覚えなければなりませんでした。

白金、アルミニウム、青銅、サファイア、石灰石、銀、銅、鋼鉄、エメラルド、花崗岩、金、鉛、真鍮、ダイヤモンド、大理石、鉄、ルビー、粘板岩

こうして覚えたら、思い出す順番はどうでもよいので好きな順番で協力者に思い出してもらいました。このようにして、単語を覚えることとテストすることを交互に全部で四回繰り返しました。その結果、思い出せた単語の数の割合は、一回目のテストから順に平均して一八％（一回目）、三五％（二回目）、四七％（三回目）、六三％（四回目）となりました。これに対して、まったく同じ単語を覚えるのですが、図3-5のようにカテゴリごとに構造化され関連づけられ

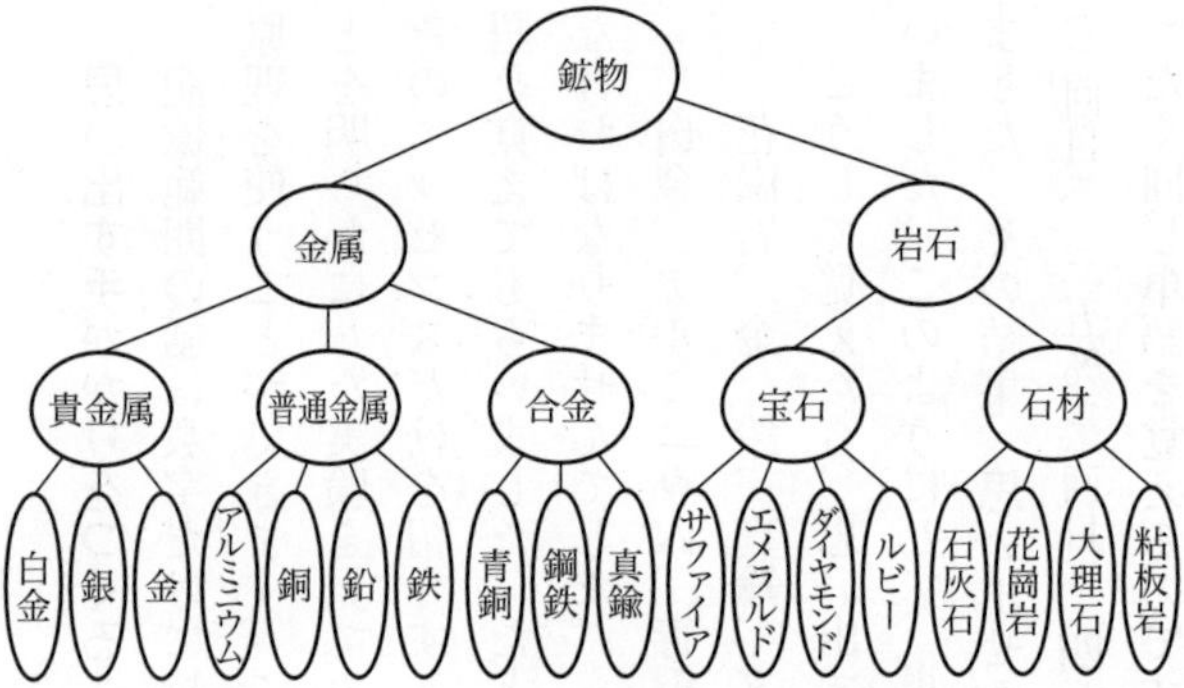

図 3-5　カテゴリ構造により関連づけられた単語(Bower, *et al.*, 1969)〔3-9〕

た形で見せて、同じように記憶とテストを四回繰り返したところ、順に六五％(一回目)、九五％(二回目)、一〇〇％(三回目)、一〇〇％(四回目)となり、はるかに記憶成績が良かったのです。さらに、単語を思い出す順番を分析したところ、図3-5を見せられた大学生は、たとえば、「金属」のなかの「貴金属」のまとまりごとに、白金、銀、金といった具合に思い出していました。しかも、「貴金属」という概念が思い出せると六六％の単語が思い出せましたが、「貴金属」が思い出せないと三〇％の単語しか思い出せませんでした。

　これらの結果から、覚える際に構造化して関連づけておくことで、思い出す際のまとまりが形作られ、それが「場所」イメージと同じ役割をになって、数多くのことがらをスムーズに思い出せるようになることがわかります。

先の例では、客観的なカテゴリごとに構造化された単語が使われていました。けれども、私たちの身のまわりのことがらは、必ずしも客観的に構造化できるとは限りません。たとえば、「火災が起こったときに連れ出す（もち出す）もの」と言われたら、「子ども」「家族」「重要書類」「ペット」などが連想されます。これらのことばは一見したところ何の関連もないように思われるかもしれませんが、その人にとっては「かけがえのないもの」という点で関連しています。このように、連想関係によって構造化され関連づけられるのならば、やはり記憶しやすくなることが同じ研究者によって確認されています。

実験では、先ほどと同様、以下の単語の記憶とテストが四回にわたって繰り返されました。

わな、太陽、檻、暑い、パン、クッキー、ネズミ、黄色、小麦、日焼け、クマ、チーズ、種、チョウ、野原、雄牛、ネコ、ガ、冷淡、トラ、牛乳、網

この例のように構造化されて関連づけられていないと、思い出せた単語の数の割合の平均は、一回目のテストから順に、三六％（一回目）、五二％（二回目）、六四％（三回目）、七五％（四回目）となりました。これに対して、図3-6のように一般的に納得できそうな連想関係によって構造化され関連づけられた形で見せられた場合は、順に五二％（一回目）、七七％（二回目）、八九％（三回目）、九三％（四回目）となり、やはり記憶成績は優れていました。

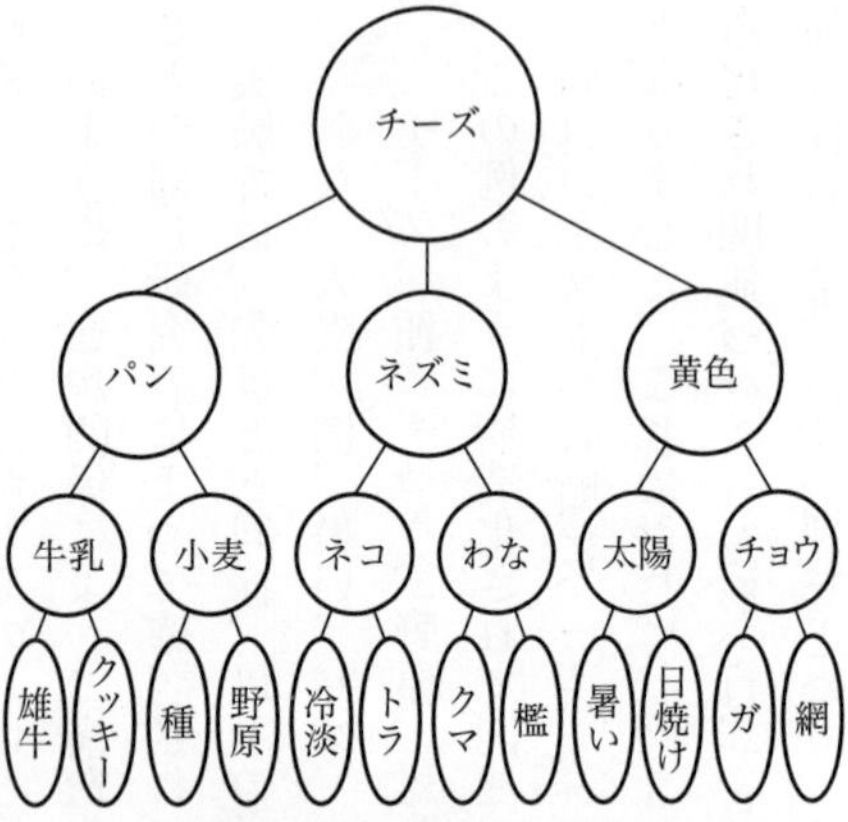

図 3-6　連想関係により構造化され関連づけられた単語(Bower, *et al.*, 1969)〔3-9〕

これらの結果から、カテゴリ構造にしろ、連想関係にしろ、それが外部から与えられれば、覚える際に構造化にもとづいた関連づけが可能になり、思い出す際の手がかりとなって、スムーズに多くのことがらを思い出せるようになることがわかります。

卓越記憶力者ＶＰの連想活用術

記憶範囲を八〇個にまで伸ばした大学生は、陸上競技のタイムに関する知識が豊富でした。当然、人によって興味や関心が異なっていますので、それぞれの個人が豊富にもつ知識の分野は異なっています。また、それらの知識の構造化の度合いも人によって異なっているのがふつうです。もしそうだとすれば、私たちが自分独自の構造化された知識によって意味づけと関連づけをおこなうようにすれば、どのような材料であっても確実に記憶として定着するはずです。

その格好の事例が、卓越した記憶力のもち主で、ＶＰというイニシャルで呼ばれている男性です。彼はバルト海に面した現在のラトビアで生まれ、第二次世界大戦の終結後の混乱のなか、祖国を離れ五年間にわたりドイツに滞在していました。その後、一九五〇年にアメリカ合衆国に渡りました。ＶＰをさまざまな角度から調べた心理学者は、彼はまったくイメージを使わずに、自らの構造化された知識による意味づけと関連づけだけを使っていることを明らかにしています〔3-10〕。

ＶＰの話によりますと、幼い頃からものごとを覚えることが好きであり、たとえば五歳のときには、大都市の市街地図、鉄道やバスの時刻表を覚えてしまったということでした。また、彼の受けてきた教育環境では、暗記が重視されていたために、一〇歳のときにはコンテストで一五〇篇の詩を覚えることもできたそうです。もともとバルト諸国では多言語使用が普及していることや、ドイツでの生活をはじめとした彼の境遇から、ＶＰはラトビア語と英語のバイリンガルであるだけではなく、ドイツ語、ロシア語、エストニア語、スペイン語、フランス語、さらにはラテン語までも流ちょうに話すことができました。

ＶＰが受けた記憶テストの一つでは、無意味綴りと数字をペアにして（たとえば、「ＪＡＱ-２３」など）覚えるというものがありました。あるペアを覚えたあとに、別のペア（たとえば、「Ｒ

OQ-95」)が用意され、それらを次々と覚えていくのですが、時々、テストとして無意味綴りだけ(たとえば、「JAQ-?」)が見せられて、ペアにされていた数字(この場合の正解は「23」)を思い出さなければなりません。エビングハウスの忘却曲線から予想できるように、最初にペアを学習してからテストまでの時間が長くなると、成績は悪化するのがふつうです。実際、三九人の大学生に同じテストをおこなったところ、別のペアを一つ覚えた直後にテストしても正答率は五〇%前後で、テストまでの時間が長くなるにつれて二〇%程度にまで下がってしまいました。ところが、VPは六〇〇項目中、時間が長くなっても、思い出せなかったのはわずかに四項目だけでした。その正答率はテストまでの時間に関係なく九九・九%でした。

これほどの卓越した記憶力を有するVPは、実にさまざまな分野に関する構造化された豊富な知識をもっていました。これらの知識は、彼が多言語を使用できたことと、読書家であったことが関係していたようです。そして、この知識を使って数字や文字から多様な連想をおこなうことで、材料を関連づけていました。たとえば「XIB」という無意味綴りをVPに見せると、彼はすぐに「無学な女性」を連想しました。彼の説明では、「X」は「無学な人の署名」で、「IB」は「LIB」つまり女性解放運動であるウーマンズ・リブが連想されたと言います。また、別の無意味綴りからの連想として、ラテン語のことわざ、アメリカの政治学者のズビグネフ・ブレジンスキー、白鳥を意味するラテン語、異邦人を意味するヘブライ語、うすらばかという意味の英語など多数の連想が即座に生み出されました。

連想とは熟慮したうえで練り上げるというよりも、なかば自動的に思い浮かんでくるものです。しかも、なぜそのようなことばを連想したのか本人以外には理解しにくいものもあります。連想にそういった個人差が見られるのは、その個人特有の過去経験や知識が連想に関係しているからです。したがって、同じ個人内であれば、同一の対象に対して毎回ほぼ同じ連想をおこなう傾向が認められます。こういった連想が、シモニデスの「場所」のイメージのように、対象を関連づけると同時に、思い出す際の強力な手がかりとなるのです。

連想の強力な引き出し効果

第１章で知識にもとづく意味づけの効果を説明しましたが、連想とはこの意味づけと関連づけにあたる操作の一つであると考えることができます。ただし、いわゆる連合主義を唱えたジョン・ロックなどのイギリスの哲学者たちは、概念どうしの一対一の比較的固定した結合を重視していましたが、連想とは概念どうしの結合だけではなく、自分自身の体験の記憶や感情との結合までも含む広いはたらきとしてとらえることができます。たとえば楽しい気分のときに遠くの山を目にすると恋人と山に行ったことを連想したり、同じ山を見ても悲しい気分のときには友人が山で遭難したことを連想するなどです。私たち各自が有している連想のまとまりとは、客観的な知識のように論理的な構造をもっているのではなく、おそらくは本人にもよくわからない網目状の構造をもっているようなのです。

確かに、卓越した記憶力をもつVPは素早く数多くの連想をおこない、それを記憶に活用していました。けれども連想というものが本当に記憶を向上させる効果をもつかどうかを一般の人たちを対象に確認する必要があります。心理学の研究では、このような固有の連想を介在させた記憶の研究が少数ながらおこなわれています。そして、連想が実際に記憶を劇的に向上させる効果のあることが明らかにされています。ここでは、スウェーデンの大学生を対象におこなわれた研究を見てみましょう〔3-11〕。この研究では協力者の負担がかなり重いので、四人の大学生に協力してもらいました。まず三日間かけて全部で五〇四語の名詞の一つ一つに対して連想をおこなわせました。その際、それぞれの名詞を二〇秒間見せて、それぞれに対して自由に連想語を一つ書き出す場合と、連想語を三つ書き出す場合がありました。こうして半数の二五二語には連想語がそれぞれ一つずつ結びつけられ、残りの二五二語は連想語がそれぞれ三つずつ結びつけられました。そして、抜き打ちテストとして自分の書いた連想語をもとに、連想のもととなった単語を一時間半かけて思い出してもらったのです。すると連想直後では、連想語一語の場合の成績（五三％）よりも連想語三語の場合の成績（九二％）のほうがはるかに優れていました。その後、一週間後にもう一度研究室に来てもらって、同じテストをおこなったところ、連想語一語の場合の成績（二六％）に比べて連想語三語の成績（六〇％）のほうが、依然として優れていました。

もう一つ連想に関連した別の研究を見てみましょう〔3-12〕。この研究では、二四人の大学生を対象に何の関連性もない一組あたり一〇個の名詞を覚えてもらいました。たとえば、「勇気」「先生」「夕食」「洪水」「樽」「ガラガラ（という音）」「芸術家」「城」「船」「港」をこの順番で覚えるわけです。その際、半数の一二人にはこれらの名詞を何も指示を与えずに機械的に覚えてもらいました。残りの半数の一二人には、これらの名詞をもとにひとつづきとなるストーリーを作って覚えてもらいました。

これらの名詞の一つ一つやそれぞれの関連性から、個人ごとに異なった連想が生み出されると考えられます。ある大学生が先の一〇語を使って作ったのは「ある晩、私は「勇気」をふりしぼって「先生」を「夕食」に連れてきた。その日は「洪水」だったので、雨を貯める「樽」が「ガラガラ」と鳴っていた。けれども、この「芸術家」を私の「城」に運ぶ「船」が「港」

にあった」というストーリーでした。おそらく、私も含めてほとんどの方には意味がよくわからないと思いますが、重要なことは本人にとっては連想のうえで強く関連しているということなのです。

こういった一組あたり一〇語の名詞を全部で一二組用意しておきました。そして、一組ずつ一〇語の名詞を覚えてもらった直後に、その一〇語を思い出してもらいました。すると、何も指示を与えなかったグループでも九九・一%、ストーリーを作ったグループは九九・九%を思い出すことができ、この時点では両グループの間には記憶成績の差は認められませんでした。こうして一二組目の名詞の記憶テストの終了後に、それまでの一二組のすべての名詞(合計一二〇語)を抜き打ちで思い出してもらいました。その結果は驚くべきものでした。何も指示を与えないグループは一三%しか思い出せなかったのに対して、連想を使ってストーリーを作ったグループは九三%を思い出すことができたのです。

かつて私自身もこれと類似の研究をおこなったことがあります。その研究では、二四人の大学生と大学院生を対象に名詞のペア(たとえば「記念‐勤勉」など)を一六ペア用意し、それぞれのペアを使って意味の通る文を自由に作ってもらいました。その効果は目を見張るもので、かなりの時間が経ってもほぼ全員が一〇〇%覚えていたのです。とりわけ今なお印象に残っているのは、ある女性の大学院生（現在、ある公立大学の名誉教授）が、覚えられたという実感がなかったのに自分でも驚くほど思い出せたと話していたことでした。

連想とはなかば自動的に起こるものですが、その背後には自分でもよくわからない網目状の構造があり、ここに関連づけておけば、記憶や関連した知識を引き出す強力な手がかりとなるのです。この章の最初で紹介したマーク・トウェインもこの連想の力を強く信じていました。私たちは人の話を聞くとよく「それで思い出した」などと言うことがあります。このことを例にあげてトウェインは、実は私たちがふだん気づかないだけで、過去の記憶にはそれを体験した際の無数の連想がまとわりついていて、その連想が手がかりとなって忘れていたことがらを呼び戻してくれるのだと述べています。ですから、初めての事項や概念に出くわしたとき、何も考えずに丸暗記するのではなく、意図的に連想を張りめぐらせておけば自分独自の連想の網目状の構造にそれらの概念が関連づけられて保存され、時間が経ったあとでも思い出しやすくなるのです。

自分で「考える」ということ

ほとんどの方は、新しいことがらを学ぶ際に何らかの書物を読むことから始めると思います。

もちろん、ネット検索であれ授業や講演を聞くことであれ、外部の情報を取り入れることから始める点ではいずれも読書と同じことです。これまでのことからわかるように、単に読んだり聞いたりするだけでは、残念ながら絶対に記憶に残ることはありません。

第1章で紹介したジェイムズによれば、「良い記憶の秘訣」とは、ある概念の間に多様かつ多数の結びつきを形成することでした。そのためにおこなわなければならないのは、各自のもっている構造化された知識に記憶を関連づけることです。そのときの知識とは、論理的な因果関係であろうと、鉱物分類などのカテゴリ構造であろうと、あるいはまた、個人ごとの連想の網目であろうと、広い意味で構造化されていれば、どんなものでもよいのです。

ただし、その際、ジェイムズが何よりも重視していたのは、ある概念について深く考えることでした。ジェイムズはその例として、学業成績がパッとしない陸上部の大学生であっても、こと陸上競技という特定領域に関しては生き字引のようにさまざまな記録を覚えていることをあげています。その理由は、おそらくは記憶範囲を八〇個まで伸ばした大学生も同様でしょうが、これらの記録を何度も繰り返し頭のなかで比較したり順序づけるなどして、折に触れて考えているからだというのです。こうすることで、ある特定領域に関して、バラバラな概念ではなく構造化された体系的な知識として頭のなかに深く刻み込まれるわけです。

結局、新しいことがらを記憶に定着させるには、そのことがらそのものを記憶しようとするよりも、そのことがらについて「考える」ことのほうが有効なのです。第１章で紹介したリヒテンベルクの『雑記帳』にも、読んだものを忘れてしまうのは自分で考えないからであり、記憶しておくには自分でよく「考える」ことの重要性が説かれています。こう主張したリヒテンベルクのことを「真にものを考える人間」だと賞賛していたのが、ドイツの哲学者ショーペンハウアーです。彼は『読書について』（一八五一年）という著作のなかで、読書とは自分ではなく人にものを考えてもらうことだ（読書とは人が考えて書いたものを読むことだ）と述べています。一見、読書を否定しているようですが、ショーペンハウアーが言いたいのは、読んだあとに自分で内容について深く「考える」ことの必要性なのです。ちょうど取り込んだ食物を消化することで私たちが養われているのと同じように、読んだ内容について考えなければその多くは消化されず失われてしまうわけです。

このように「考える」ことの重要性は至るところで見聞きすることと思います。けれども、「考える」という行為は具体的にはどのようなものであるのか、人によって言うことがまちまちでよくわからないのが実情ではないでしょうか。こと新しいことがらの記憶への定着という側面から見るのならば、「考える」とは第１章やここで述べたように、そのことがらの意味を深く吟味したうえで自分の知識に関連づけてそこに組み込むことに尽きます。関連づけの方法はイメージであれ、連想であれ、何でもよいのですが、関連づける土台となるのは自分の知識なのです。

こうやって新しいことがらを知識に関連づければ、食物を消化すると同様、自らの知識のなかに新しいことがらが組み込まれ、自分の知識がさらに豊かなものになっていくのです。VPの事例で見たように、知識が豊富であれば同じことがらに出あっても取り込めるものが増えます。あたかも雪山の頂上から小さな雪玉を山すそに向けて転がせば、どんどん大きな雪玉になっていくのと同じように、取り込んだものが知識をいっそう豊かにして、さらに取り込めるものを増やすという限りない好循環となるのです。このことが、一七世紀のヨーロッパの学問体系を打ち立てた哲学者のフランシス・ベーコンの有名な台詞「知は力なり」の真の意味であるように私には思えるのです。

第4章

記憶に根づかせる

第3章では、新しいことがらを自分の知識に関連づければ、記憶として定着させやすく、それが知識をますます豊かにするということを説明しました。これは知識が豊富ならばその分、記憶として定着するということでもあるのです。逆に言いますと、貧弱な知識しかもっていなければ、新しいことがらに接しても記憶として定着せず、知識は少しも増えないという悪循環におちいることになります。

このように「富める者はますます富み、貧しい者はますます貧しくなる」ような状況を具体的にイメージできるように、あるアメリカの心理学者が学校での場面の架空の数字をあげて示しています。

ここでは仮にみなさんが一万のことがらの知識をもっているとして、私が九〇〇〇のことがらの知識をもっているとしましょう。そして、私たちが新しいことがらを覚えられる割合はすでに知識として記憶していることがらの量にもとづいているとしましょう。すると、みなさんは新しいことがらに接したうちの一〇%を覚えられるのですが、私はもっている知識量が少ないので、同じことがらに接しても九%しか覚えられないことになります。こうして毎月五〇〇個の新しいことがらに接したとして一〇カ月が経つと、みなさんの知識量は一〇四六〇個、私は九四一三個となり、知識量の差は一〇〇〇個だったのが一〇四七個にまで開くことになります。この差はわずかのように思われるかもしれませんが、何年も経過すれば、私が絶対に追いつけないほどの差になってしまうのです。

もちろん、この例は学校での場面という特殊なものだとしても、私たちは新しいことがらの記憶を少しでも多く効率的に取り込んで知識を増やすことに努めなければなりません。この章ではどのような方法を使うことがもっとも効率よく記憶として定着できるのか考えていきましょう。

1　効果的な復習方法

一万時間ルール

『急に売れ始めるにはワケがある』『ティッピング・ポイント』『第1感』など、次々とビジネス書のベストセラーを世に送り続けているアメリカの作家マルコム・グラッドウェルには一流と言われる人々を扱った『天才！ 成功する人々の法則』という著作があります。このなかで、何事であれ特定の分野で一流になるためには一万時間の練習が必要であると述べたことから、「一万時間ルール」として広く知られるようになりました。一万時間とは毎日三時間程度の練習でのべ一〇年もの長期間にわたるため、「一〇年ルール」とも言われます。

実は、グラッドウェルが広めた一万時間ルールという主張には、音楽やスポーツなど、さまざまな分野における一流の人々を対象にしたエビデンスのある研究の裏づけがあります。たとえば、バイオリンの一流の演奏家たちに関する研究の一つではベルリンの音楽学校に在籍する学生が研究対象とされました。まず在籍する学生のなかで将来、超一流の演奏家になれると教授によって判断された最優秀の一〇人の学生と、演奏技術の高い優秀な一〇人の学生を年齢(平均年齢二三歳)や性別に偏りが出ないように選び出しました。さらにまた、その時点ですでに高い国際的名声を得ていた一〇人のプロの中年バイオリニスト(平均年齢五一歳)も比較の対象に加えました。そしてそれぞれの対象者について、バイオリンを始めた年齢、毎日の練習時間、練習の内容などを彼らのつけていた練習日誌なども活用して詳しく調べたのです。こうして彼らが二〇歳になるまでのトータルの練習時間を推定したところ、演奏技術の高い優秀な学生たちは約八〇〇〇時間であったのに対して、最優秀の学生とプロはどちらも二〇歳になる時点まででおよそ一万一〇〇〇時間という圧倒的な練習量であることが明らかにされました

たのでしょう。〔4-1〕。おそらく、グラッドウェルは切りのいい数字として一万時間というルールを提唱し

一流になるのに厳密に何時間が必要かということはおいておくとして、このような練習時間の重要性に関してはすでに一九六六年の時点でバイオリンの早期教育として世界的に有名なスズキ・メソードを開発した鈴木鎮一《しんいち》が主張していたことです。鈴木は練習時間こそが演奏能力の上達に不可欠であるということについて次のように言っています。

「『五年もやりました。』と、だれかがいったとしても、それだけではなんともいえません。毎日の練習がどれほどなされているかが問題です。五年もやったのに、という。しかし、毎日五分間では、わずかに百五十時間です。このひとは、『五年間に百五十時間やったが、どうもうまくならない。』というべきです。それなら話がよくわかります。そして、うまくならないのが、あたりまえなのです。〔中略〕正しくすぐれた道を歩むこと　より多くの、その訓練、この二つのかみ合わせによって、すぐれた能力はだれの上にも育つ。」

このように、何であれ一流になるには長年にわたる練習時間の長さこそが重要なのです。それでは、これまで何度も引き合いに出してきた原口さんの場合、その練習時間はどうだったのでしょうか。言うまでもなく、ただ漫然と何万桁もの円周率を覚えたわけではありません。当

然、世界記録を達成するためには長時間の練習が必要となります。原口さんが円周率暗唱の世界記録の達成を目指し、語呂合わせによる文章づくりや文章の暗唱の練習を始めたのは二〇〇一年の正月だったそうです。その日から毎日ほぼ三時間の練習を二〇〇六年一〇月の円周率一〇万桁の記録達成までの約六年間にわたって続けたのです。これは時間に換算しますとのべ六四〇〇〇時間を超える練習をおこなったということになります。

また、円周率四万桁暗唱を達成した友寄さんは、一九七八年から円周率の暗唱を始めほぼ毎日三時間を費やして一〇年後の一九八七年に四万桁を達成しています。この場合、のべ九〇〇〇時間を超える練習時間ということになります。この二人の場合、必ずしも一万時間というわけではありませんし、二人の間に練習時間の個人差が存在するとしても、先ほどの一流の人々と同様に長時間にわたって練習を続けたことは間違いありません。

長くやればよいわけではない

もとより私たちは円周率暗唱の世界記録を目指すわけではありませんが、一般的な意味で新しいことがらの記憶を定着させるためにはどれほどの時間が必要なのでしょうか。第3章で、新しいことがらを自分の知識に関連づけることで記憶として定着できるという点を強調しました。けれども、たとえ関連づけて覚えたとしてもそのまま何もしなければ記憶に定着させるのは難しいことでしょう。事実、エビングハウスの忘却曲線からわかるように、何度も反復してこれでもう完全に覚えたと判断した時点から何もしなければ、わずか一時間後には覚えている割合は四四%となり、翌日に覚えているのは三四%、一週間後には二五%まで下がってしまいます。

だからこそ、たとえ完全に覚えたと思っても、忘却を防ぐためには復習が必要となるわけです。復習の重要さは誰もが知っていることでしょう。たとえば、電車やバスのなかでしばしば見かけるのは、中高校生たちが定期試験の準備のためでしょうか、教科書やノート、単語帳などを何度も何度も見返して復習している姿です。はたしてこのような復習方法には問題がないのでしょうか。

まずは復習の時間の長さが記憶の定着に与える効果について、エビングハウスと同様の方法を使って調べた研究を見てみましょう(4-2)。この研究では六〇人の大学生を対象に無意味綴りではなく一二語の単語(日本語なら「いす」などの名詞)を材料として、完全に覚えたと判断するまで何度も繰り返して覚えてもらいました。そして全員が完全に覚えられた時点で二〇人ずつの三つのグループに分けました。一つのグループは一〇〇%完全に覚えたのだから復習を

表4-1　3つのグループが6回のテストのそれぞれで思い出せた単語数の割合(Kruger, 1929)〔4-2〕

	1日後	2日後	4日後	7日後	14日後	28日後
100% グループ	16%	9%	3%	1%	0.8%	0%
150% グループ	23%	18%	10%	7%	3%	1%
200% グループ	29%	23%	17%	8%	5%	2%

いっさいおこないませんでした。この研究者の呼び方にならって一〇〇%グループと呼びましょう。残りの二つのグループには引き続き復習を続けさせました。その際、各人が覚えるまでにかかった時間をもとにその半分の五〇%の時間をさらに復習時間として使う一五〇%グループと、その二倍の時間を復習時間として使う二〇〇%グループを設定しました。

テストは翌日から六回(一日後、二日後、四日後、七日後、一四日後、二八日後)にわたっておこないました。その結果、表4-1に示したように翌日の時点では復習時間を多くとった二つのグループは、復習をしなかったグループよりは少しはよく覚えていたとはいえ、その差はそれほど大きくなく、二八日後にはどのグループもほぼ何も覚えていない状態になってしまいました。

その後、日常場面でも頻繁に出くわすために覚えておくのがまぎらわしい名詞ではなく、なじみのない実在の都市名やほとんど見聞きしない単語を使った同様の研究もおこなわれています。そうした研究でも復習時間を多くとった場合、覚えた直後だけやや記憶がよくなる傾向があったとはいえ、長期間は続かないということが明らかにされています。このように単に復習の時間を多くするだけでは、ほとんど記憶の定着には役に立たないのです。

アウトプットを重視する

バイオリンのスズキ・メソードであれ何であれ、どれだけ練習するかという時間の長さも重要ですが、どのように練習するかという練習方法も練習時間に劣らず重要です。先に引用した鈴木鎮一のことばでも、練習方法では「正しくすぐれた道を歩むこと」が練習時間の長さとともに強調されています。また、いわゆる一万時間ルールの裏づけとなった研究でも単に長時間にわたって練習をすればよいということを言っているわけではありません。練習の際には何を目標とし、どのような結果を求めるかなど、さまざまな側面を熟慮した計画的練習と呼ばれるものがきわめて重要だとされています。

計画的練習とはただ機械的に同じことを繰り返すのではなく、常に自分ができることの少し上のレベルを目標として、さまざまに練習を工夫しながら全神経を集中しておこなうという練習です。また復習時間だけ増やしても記憶の定着にほとんど効果はないという研究から考えてみても、記憶する際にさまざまな側面を熟慮したうえでの復習が必要となるのです。

それでは具体的にどのような復習の方法が記憶の定着にとって効果的なのでしょうか。しばしば忘れられがちなのですが、あることがらを記憶すると言った場合、そのことがらを覚えるインプットとそうやって覚えたことがらを思い出すアウトプットを分けて考えることがもっとも重要です。定期試験など何かのテストにそなえて記憶したいことがらを何度も繰り返して復習するのは、インプットに重点が置かれた方法です。けれども、通常のテストではどんなテストであれ、覚えたことがらを解答として確実にアウトプットできなければ意味がありません。そのためこのアウトプットという側面に関しても十分に配慮した復習方法が必要となるのです。

ここでもう一度エビングハウスの実験に立ち戻ってみましょう。エビングハウスは全部で一九にも及ぶ実験をおこなっているのですが、彼の実験の基本はインプットの重視です。覚える際に何度も何度もひたすら繰り返し読んで覚えていました。しかも読むスピードはメトロノームで毎分一五〇拍と決め、アクセントの不必要な変化を避けるために第一音節にアクセントを置いて発音するなどといった制約を自分に課していました。

こうした実験のなかでエビングハウスは、ある一定の範囲内ではインプットの反復回数が増えれば増えるほど記憶の定着が促されることを数量的に明らかにしています。ところが、ある実験で一度に連続してインプットを反復する場合と、同じだけの反復回数を六日間にわたって

（つまり反復を一日おきの三日間に分けて）少しずつ分散させた場合を比較しています。すると一日にまとめたインプットよりも、分散したインプットのほうが記憶の定着の効率がよくなるということを見出しています。そのうえでエビングハウスは、その結論を日常場面の体験と照らし合わせて次のようにまとめています。

「学校の生徒は、語いや法則を、むりに一晩で覚えようとはせず、もう一度朝になって印象づけなければならないことを知っているし、教師は、クラスの授業を、授業時間の全体にまんべんなく配分せずに、あらかじめその一部を保留しておいて、一回あるいはそれ以上の復習にあてている。」（宇津木保訳）

インプットを分散させる

このように、何かのことがらをインプットして覚える際には、まとめて一度にインプットするのではなく、時間をあけて分散させるほうが記憶の定着にとって効果的なのです。このようにインプットを分散させることによる記憶の促進効果は、分散効果という名前のもとにさまざまな学習材料を使った膨大な量の心理学の研究からその有効性が実証されています。

たとえば単語のペアを使っておこなわれた研究を見てみましょう〔4-3〕。この研究では、一八人の大学生を対象に、たとえば「いすーつくえ」というような関連のある単語ペアを六秒に一つずつ全部で三六ペア読んでもらいました。その際に条件を三つ設定しました。一つは各ペアを一回だけ読む条件でした。別の二つの条件は各ペアを二回読むのですが、一つの条件では二回連続して読み、もう一つの条件では一回目を読んでから二回目を読むまでの時間間隔をあける(その間に別のペアをいくつか読む)というものでした。

そして、実験の最後に抜き打ちテストとして各ペアの最初の単語を手がかりとしてもう一方の単語を思い出してもらいました。すると一回だけ読んだ場合の平均正答率が二七%、二回連続して読んだ場合は三八%でした。これに対して二回読むことを間隔をあけて分散させた場合は四五%とその成績はもっとも良かったのです。この研究での二回の時間間隔は、時間にすると約二〇秒間という短いもので、しかもテストは実験直後でしたが、それでもなおインプットの連続よりもインプットを分散させるほうが効果的だったのです。

同様の結果は、文章(約一七〇〇字)を二回続けて読む場合と、一回目と二回目の時間間隔を一週間と長くした場合を比べた実験でも得られています(4-4)。とりわけこの実験で興味深いのは、記憶テストがインプットの直後(二〇分後)と二日後で結果が異なるということでした。テストが直後におこなわれると、二回続けて読む場合の成績(二七%)のほうが、分散させて二回読んだ場合の成績（一七%）よりも良かったのです。ところが、テストが二日後におこなわれると、二回続けて読む場合の成績（一三%）が大きく低下したのに対して、分散させて二回読んだ場合の成績（二〇%）は直後のテストのときと大きくは変わらなかったのです。つまり、長く記憶に定着させるためにはインプットの時間間隔をあけることが効果的なのです。

いったいなぜ連続してインプットを繰り返すよりも時間間隔をあけて分散してインプットしたほうが記憶が良くなるのでしょうか。一つの理由は第2章で述べた集中力の違いだと考えられています。連続して反復する場合は一回目に覚えた内容がまだ新しいために記憶に残っているままで二回目の反復をおこなうことになります。そのため二回目の反復はそれほど注意を集中せずともオウム返しのように機械的な反復となりがちです。これに対して分散させた反復の場合の二回目はどうでしょうか。連続反復に比べると二回目の反復時には時間の経過のために一回目の記憶はほとんど残っていないので、それを思い出さなければなりません。

この連続と分散の違いを仮に計算問題で考えるとよくわかるはずです。一回目に「一四八×四＝？」という計算問題があり（答えは五九二）、その直後に同じ「一四八×四＝？」とあれば、二回目は答えの「五九二」がまだ記憶内にありますので計算せずとも答えを出せます。一方「一四八×四＝？」を計算し時間間隔をあけて再び「一四八×四＝？」とあると先の答えは覚えていないので再び計算し直さなければなりません。けれども、そうして時間をあけて反復することで余分に手間が必要となってより記憶に定着するのです。

このように、時間間隔があくと単なるインプットの反復ではなく、そこに「思い出す」というアウトプットのプロセスが含まれていることが分散効果を生み出す本質なのです。

2 アウトプット学習法

私の「×印式勉強法」

反復の際にインプットの時間間隔をあけるという方法には、アウトプットの操作が含まれているためにこれが記憶の定着にとって有効であることがわかりました。次にインプットよりもアウトプットのほうが重要であることについてもう少し考えることにしましょう。

まず私たちの記憶とAIの記憶を比べてみましょう。AIの記憶の場合、私たち人間の記憶とは異なり、インプットされたものは必ずそのままの形でアウトプットできます。けれども、私たち人間の記憶のアウトプットは、保存されている記憶をそのまま引き出してくるのではありません。その理由は私たちがアウトプットの際に少なからず再構成しているからです。

第1章のインクのシミに意味を感じることを明らかにしたバートレットの研究を覚えているでしょうか。バートレットは『想起の心理学』という著書（1‐1）のなかで「記憶」ということばを使わずに、一貫して「想起」というアウトプットに重点を置いたことばを使っています。彼の言う「想起」とはバラバラの断片的な記憶を引き出すことではなく、私たちが覚えた過去のことがらを毎回、再構成することなのです。このような再構成というアウトプットは、ときには記憶をゆがめてしまうこともありますが、アウトプットをおこなうことによって記憶を確実なものにしているのです。このことは、たとえば初心者がバレーボールのサーブを学ぶ際に、仮にお手本となる上級者のサーブを何百回見た（つまりインプットした）としても、自分でサーブを打ってみない（アウトプットしない）限り少しも上達しないことからもわかるはずです。

ここでアウトプットに重点を置いた記憶法に関連して個人的な思い出を引き合いに出すことを許してください。中学校に入学した私は初めての定期試験の際にどうやって勉強したらいいのかわからないまま試験を受けて、散々な成績を取ってしまいました。その後も定期試験があることはわかっていながらも、ふだんから予習や復習をすることもないまま、試験まえにただただ詰め込むという一夜漬けの勉強を続けていました。こういった一夜漬け以外に何か効率的な方法はないかと暗中模索しているうちに問題集を活用することに行き当たりました。幸い定期試験は試験の範囲が決まっていたので各科目の問題集の試験範囲に含まれる問題を何度も解くことにしてみたのです。

その方法とはこういうものです。まず何も読まずに試験範囲の問題を一度解きます。この一度目で解けた問題は授業で聞いて頭の片隅に残っていることをもとに答えられたはずなので、完全に覚えていると判断し二度目以降はいっさいやりませんでした。その代わり一度目に解けなかった問題には×印を一個付けその問題の答えを確認しました。そして、二度目は解けなかった×印の問題だけに挑戦しそれでも解けなければ×印をもう一個付けて、問題の答えを再度見ました。三度目以降は×印の数に関係なく×印の付いているものばかりを解いて、解けなければさらに×印を付けて同じように問題の答えを確認しました。

このようなやり方で毎回×印を付けながら問題を解くというサイクルを繰り返しましたが、×印の数は少しも減らずにむしろ増えるばかりで本当にこんなやり方でよいのかという不安でいっぱいでした。しかも定期試験は複数の科目があるため特定の科目の勉強だけに時間を使うことはできず、各科目の問題を解くサイクルはせいぜい二、三日に一回できるかどうかという状況でした。この方法の効果に疑問をもちつつも少しは成績が安定したので、結局それ以来、大学入試に至るまで、基本的に同じ方法を続けてきました。

当時の私はこうした自己流の×印式勉強法の理論的裏づけなどまったくわかりませんでしたが、実はこの方法は記憶のアウトプットという側面から見れば理にかなっている部分が多くあったのです。この章では以下、便宜的に「アウトプット学習法」と呼ぶことにします。

アウトプットの有効性

まず記憶の際のインプットとアウトプットの効果の違いを明確にした有名な実験を見てみましょう〔4-5〕。この実験ではアメリカの大学生四〇人を対象にスワヒリ語と英語をペアにしたもの（たとえば「マシュアー-ボート」など）を四〇個用意してそれぞれ五秒間ずつ見せて覚えてもらいます。こうして一通り見て覚えたあとに、一回目のテストとしてスワヒリ語だけを見せて（たとえば「マシュアー-?」など）そのスワヒリ語の意味を母語の英語で答えて（思い出して）もらいました。対象となった大学生全員が一回目のテストで覚えられた個数はおおよそ一二個（全体の三〇%）でした。

このあとさらに同じスワヒリ語と英語のペアを覚えテストをおこなうことを三回繰り返しました。このときインプットに重点を置いたグループでは、毎回覚える際には常に四〇語をひたすら覚え、テストは四〇語すべてを思い出すのではなく覚えられなかった単語だけを思い出してもらいました。一方、アウトプットに重点を置いたグループでは、覚える際には前回のテストで覚えることのできなかったペアだけを覚えるのですが、毎回のテストの際には(覚えていたかどうかにかかわりなく)四〇語すべてを思い出してもらいました。どちらのグループも四回のテストが終わった時点では四〇語すべてを完全に覚えることができました。

ところが、一週間後に全員に抜き打ちでテストをしたところインプット重点グループはおおよそ一四語(三五%)しか思い出せませんでした。この数値は無意味綴りを使ったエビングハウスの実験の一週間後に思い出せた二五%よりは高いものの、目を見張るほどの優れた成績ではありませんでした。一方、アウトプット重点グループはおおよそ三六語(九〇%)思い出すことができました。このように、記憶の定着という側面から考えるのならばインプットよりもアウトプットに重点を置いた復習のほうが効果的という結果が出ました。つまり問題集を活用した私の「アウトプット学習法」は、一度でも解けなかった問題は何度でもテストするという点で基本的にはこの研究のアウトプット重点グループと同じ効果をもっていたようなのです。

また、この研究でとりわけ興味深かったのは、初日の学習が終わった時点で仮に一週間後にはどの程度覚えているかについて聞いたところ、二つのグループともほぼ二〇語(五〇%)程度だと予測していたということです。日本人なら控えめに見積もるかもしれませんが、どちらかと言えば自己顕示の強さに価値を置くアメリカの大学生なので、おそらく実感としてそう感じていたのだと思います。このことは、あとで詳しく述べますが、インプットに重点を置いた覚え方であろうとアウトプットに重点を置いた覚え方であろうと、記憶の定着に与える復習の効果について私たちが正しく理解できていないことを示しています。

テストを練習に変える

私たちは定期試験や入学試験をはじめとして、テストということばを聞くと記憶できていることがらを「どれだけ覚えているか」調べる（評価する）ものだと思ってしまいます。もちろん、そのような評価の側面のあることは否定できません。けれども、最終評価としてだけテストをとらえるのではなく、バレーボールのサーブの練習と同様にアウトプットの練習としてもテストを活用すべきです。要するに何度もテストを練習として繰り返すことで記憶の定着を確実なものとすることができるのです。

このアウトプットの練習となるテストの効果について、先ほどと同じ研究者が文章を使って実証した実験を見てみましょう〔4-6〕。実験で使われたのは二種類の文章（いずれも三〇〇語程度）でした。参加した一八〇人の大学生は先ほどの実験と同様にインプットだけに重点を置く

（文章を一回読んで一回テストを受ける）方法のいずれかを経験しました。具体的には、インプット重点法では文章を読んで覚え、それに続けてもう一回読みました。一方、アウトプット重点法では、文章を読んで覚え、それに続けて覚えた内容を思い出して書かなければなりませんでした。

表 4-2　インプット重点法とアウトプット重点法が3回のテストのそれぞれで思い出せた成績の割合（Roediger & Karpicke, 2016）〔4-6〕

	5分後	2日後	7日後
インプット重点法（2回読む）	81%	54%	42%
アウトプット重点法（1回読んで1回テスト）	75%	68%	56%

こうして、二回読むインプット重点法か一回読んで一回テストを受けるアウトプット重点法のあとで、最終的に五分後、二日後、七日後のいずれかに記憶を調べるテストを受けました。すると、表4-2に示したように、五分後ではわずか六％ながらアウトプットよりもインプットに重点を置いた方法の成績のほうが良かったのです。ところが、二日後、七日後のテストでは、インプット重点法の成績が急激に悪くなりましたが、アウトプット重点法ではそれほど成績が下がらず、インプット重点法の成績を逆転しました。このように、アウトプット練習となるテストをおこなっておくほうが直後では目に見える効果がなくとも、より長く記憶に定着するのです。

ここで紹介したアウトプットの効果を調べた実験では、アウトプット練習のテストを受けたあとに何もフィードバックがありませんでした。何度か引き合いに出しているバレーボールのサーブの練習の場合、打つたびにうまくできたかできなかったかという結果が自分で即座にわかります。これが体の記憶の練習の特徴なのです。頭の記憶でも同じように、テスト後に正誤のフィードバックがあるとさらに記憶の定着が促されます。私の「アウトプット学習法」では解けなかった（覚えていなかった）×印の問題の答えを確認していました。この確認作業がフィードバックとなり、何度も問題を解くというアウトプットの効果に加えていっそう記憶の定着を促したようです。

記憶の際にインプットよりもアウトプットを重視すべきだという知見に関しては、第3章の最後の箇所でも紹介したベーコンが、すでに『ノヴム・オルガヌム』（一六二〇年）の第二巻で述べていました。ベーコンは本に書かれている文章を暗唱したいのなら、ただ単に二〇回読むよりも、アウトプットである暗唱を試みて思い出せないときには本を見て確認しながら一〇回読むほうがはるかに簡単に覚えられると主張しています。

なぜアウトプットがよいのか

それではなぜインプットよりもアウトプットに重点を置いた学習方法が記憶の定着に有効な

のでしょうか。その理由としては、自らが関与する度合い、学習と想起の類似性、自動的な連想という三つが考えられます。一つずつ見ていくことにしましょう。

第一の理由はインプットとアウトプットの際の自らが関与する度合いの違いです。江戸時代に活躍し日本の和歌をこよなく愛し「もののあはれ」という心情を唱え続けた本居宣長は、学びの際に自分事として考えなければならないことを、その著書『うひ山ぶみ』(一七九九年)などで強く主張していました。たとえば、古い和歌をどれだけ学んだとしても、しょせん他人事であるので表面的にしか学べないのに対して、自ら和歌を読むとなると自分事なので取り組む姿勢が異なり、深く学ぶことができると述べています。この主張をバレーボールのサーブの練習に当てはめれば、他人事とは見ているだけのインプットに相当し、自分事とは実際におこなうというアウトプットに相当します。

インプットに重点を置いた覚え方の場合、それが目で見るだけであろうと声に出して読むだけであろうと、目のまえにある覚えるべきことがらをオウム返しのように機械的に反復しているにすぎません。これに対して、アウトプットに重点を置いた覚え方は、目のまえに覚えるべきことがらが存在しないので自分の記憶のなかから、それに関連した素材を探し出し組み立てなければなりません。その意味では単なるお手軽な復唱ではなく、手間のかかる構成とでも呼ぶべきものとなります。

お手軽な復唱よりも手間のかかる構成が記憶に有効であることについては、分散効果の箇所で単語ペアを使っておこなわれた研究で劇的に示されています〔4-7〕。先ほどの研究では「いすー つくえ」というようにペアを読むというお手軽な復唱以外に、別の覚え方として手間のかかる構成もありました。これは一種のクロスワードパズルのようなペアとして「いすー つ□え」など、完全な単語をヒントとしてペアの穴あきの文字を自ら考えて完成させるという覚え方でした。すると、単に読んだだけの場合の平均正答率が二七%であったのに対して、自分で答えを構成した場合はほぼ二倍の五七%でした。とりわけ、この五七%という数値は二回分散させて読んだ場合の四五%よりも高かったことから、強制的にアウトプットをおこなうと劇的な効果が得られることがわかります。結局のところ、受け身的に他人事として答えを繰り返すよりも自分事として自ら答えを探して構成することが記憶の定着に有効なのです。

アウトプットに重点を置く学習が効果的な第二の理由は、テストで要求される行為との類似性が高くなるということです。たとえば、学校などで漢字や英単語の書き取りテストがある場合、事前に目で見るだけで覚えるということは少ないはずです。ほとんどの場合は実際に漢字や英単語を何度も書いて覚えるはずです。それは事前に書くという行為をおこなっておかないと、テスト用紙を目のまえにしても何も書けないことを誰もが知っているからです。つまりテストで要求される行為と類似した行為を事前に練習しておくことが重要なのです。

先ほどのお手軽な復唱と手間のかかる構成を比べた単語ペアの研究を見てみましょう。テストではたとえば「いす-?」のように最初の単語からもう一方の単語を思い出さなければなりませんでした。このようなテストの際に答えを思い出す行為は、「いす-つくえ」のように目のまえの材料を読むだけの行為よりも、「いす-つ□え」のように「つくえ」という答えを自ら作り出すという行為のほうがはるかに似ています。したがって、アウトプットに重点を置いた学習方法は事前の練習とテストで要求される行為が類似しているので、思い出しやすくなるのです。

アウトプットに重点を置いた覚え方が有効な第三の理由として、まだ十分な実験的検討を受けてはいないものの、自動的に生じる連想が重要な役割を果たしている可能性が考えられています。第3章で述べたように、私たちが何か特定のことがら(単語であれ文であれ絵であれ)に接すると自動的に連想が引き起こされます。たとえば「いす」ということばに接すると「つくえ」「学校」「大臣」「三匹のクマ(トルストイが翻案して広めた童話で主人公の女の子がいすを壊してしまう)」など、個人によって違いがあるもののさまざまな連想が起こります。この連想はたとえばそのまま「いすーつくえ」を覚える場合よりも、「いすーつ□え」のように答えを自ら作り出す場合のほうが範囲が広がりその数も多くなると考えられています。

もしそうだとすれば、これらの自分独自の複数の連想が、あとで記憶を思い出す際の手がかりとなり記憶を促進すると考えることもできるはずです。実際、第3章で紹介した三日間かけて五〇四語もの名詞に対して自分で連想をおこなった研究では、連想語の数が一語よりも三語のほうがはるかに記憶成績は優れていました。

以上のように、アウトプットに重点を置いた覚え方は、自らが関与する度合いが大きく、覚える際の行為と想起の際の行為の類似性が高く、自動的な連想が多く起こるといった理由から、記憶に長く定着するのです。

3　スムーズさのわな

スムーズさの感覚

ここまで、アウトプットに重点を置いた覚え方はインプットに重点を置いた覚え方よりも、記憶に長く残ることを説明してきました。ところが、アウトプットには絶大な記憶促進の効果があるにもかかわらず、その効果についての私たちの予測や実感には大きなズレがあるのです。

たとえば、スワヒリ語と英語のペアを覚える実験で一週間後に思い出せる割合を推測してもらうとインプットに重点を置いた覚え方を実際には効果が弱いにもかかわらず、それが効果的であると誤って推測していました。このように「どれだけ覚えられているか」という私たちの主観的な感覚は当てにならないのです。これはいったいどうしてなのでしょうか。

ここで今一度、体の記憶と頭の記憶を比べてみましょう。体の記憶の場合、たとえばバレーボールのサーブの練習の際には一回一回サーブを打ってみては、それがネットにかかって失敗したとか相手のコートのどこに入ったかなどという結果を目で見て客観的に確認することが可能です。そのために力加減や打つ方向を毎回調整するなどして、何度も練習をすることで確実にサーブの打ち方が上達していきます。

これに対して、頭の記憶の場合、覚えたことがらが一〇〇%確実に覚えられたかどうか、そして一〇〇%確実にアウトプットできるのかどうかを確認する客観的な手段が存在しません。そのため、多くの場合、自分の主観的な感覚に頼るしかありません。その場合、インプットの回数や時間などは目に見えてはっきりとわかるものなので、これらのインプットの指標を組み合わせて主観的な感覚の裏づけとすることもあるかもしれません。残念ながらこのような記憶に関する主観的な感覚は、まったく当てになりません。

頭の記憶の定着のようすを確認するためには、バレーボールのサーブの練習と同様に、アウトプットを何度もおこなって、つまり実際に思い出してみて、どれほど「覚えられている」かを確認することしか方法がないのです。その意味で私の「アウトプット学習法」では、できなかった(思い出せなかった)問題に×印を付けることで、この×印の数からどれだけ「覚えられている」かをある程度は可視化することができていたようです。とはいえ、基本的には頭の記憶では「覚えられている」かいないかというイチゼロの判断しかできませんし、先に述べたように、たとえその時点で覚えられていたとしても、いつまで覚えているかを正確に判断することはまったくできないのです。

それではいったいどうやって私たちは「どれだけ覚えられているか」を判断しているのでしょうか。数多くの研究から明らかになったのは、覚えたいことがらが楽に心に浮かぶというスムーズさの感覚であるようです。確かにバレーボールのサーブも最初はぎこちなく苦労しておこなうわけですが、練習を繰り返して上達してくると次第にスムーズにできるようになります。それと同じことがものごとを覚える際にも起こっているのです。たとえば、外国語の単語や文章を覚える場合、覚え始めの段階ではなかなかうまく覚えられず苦労するのがふつうです。ところが何度もインプットを繰り返していると、次第に覚えられてきたという感覚をもつようになります。それはその単語や文章がスムーズに読めたり、スムーズに心に思い浮かぶようになるからなのです。

覚えた気にさせるもの

ところが、そのスムーズさの感覚こそが、覚えられたかどうかの私たちの判断に悪影響を及ぼすということが数多くの研究からわかってきました。たとえば、文字の大きさは小さいよりも大きいほうが読みやすいのでスムーズさの感覚が強くなります。そこで、二〇人の大学生を対象に、三六語の単語の半数は小さい文字で、残りの半数は大きい文字で覚えてもらうと同時に、それぞれあとで思い出せる割合(%)を判断してもらいました〔4-8〕。その結果は小さい文字(四八%)よりも大きい文字(六〇%)のほうが思い出しやすいと判断されましたが、実際に思い出せた成績はまったく同じ(一八%)でした。つまり、スムーズさをもとにどれだけ思い出せるかを判断しても、それはまったく不正確なのです。

また、大学のオンライン講義を模したビデオを見るような場合、スムーズさをもとに自分がどれだけ理解や記憶ができたかを判断していることもわかってきました〔4-9〕。この実験では、同じ人物がそれぞれまったく同じ内容（「なぜ三毛猫はほとんどが雌なのか」）を一分間ほど説明するビデオを二種類作成しました。その際スムーズさを感じさせる説明者のビデオでは説明者が教卓を背にカメラに近づいて立ち、自信たっぷりに何も原稿を見ずにこちらをしっかりと見つめ、話し方も流ちょうでゼスチャーたっぷりに説明しました。一方、スムーズさを感じさせない説明者のビデオでは、教卓の後ろの隅っこのほうで自信なさそうに原稿を読みあげ、たまにこちらに視線を向ける程度で、しかもつっかえつっかえの説明でした。

それぞれのビデオを視聴するまえに、注意して内容をしっかりと覚えるように伝えてから、いずれかのビデオを二一人ずつの大学生に見てもらいました。そして、ビデオを見た直後に「今から一〇分後にどのくらい内容を記憶しているか」の割合（％）を尋ね、一〇分後にビデオの内容を思い出してもらいました。その結果はスムーズな説明者（四八％）のほうがスムーズでない説明者（二四％）よりも、しっかりと記憶できたと判断したものの、実際の記憶成績はスムーズな説明者（二四％）とスムーズでない説明者（二〇％）ともにほぼ同じでした。

この二つの研究は、インプットを繰り返せば繰り返すほどスムーズにできるようになり（お手軽な復唱となり）、実際には覚えられていなくても「覚えた」と思うようになることを示しています。覚える際にスムーズさだけを追求することは完全に間違ったやり方なのです。

一方、アウトプットをおこなう場合にはスムーズにできるわけではなく手間がかかります。けれども、この章で見てきたように、こうやって手間のかかるアウトプットに重点を置いた学習方法こそが、実際には記憶の定着を促すわけです。私の「アウトプット学習法」では定期試験の科目が多いために、各科目の問題を解くサイクルは二、三日に一回できるかどうかでした。そのためスムーズさの感覚はほとんど感じられず覚えたという実感も少なく、手間のかかるアウトプットになりましたが、結果的には効果があったのです。

何万桁もの円周率を暗唱している原口さんも友寄さんも、自らの知識を総動員して無意味な数字にはたらきかけ、そこに意味を作り出すという手間のかかるアウトプットを何年もの間、毎日続けてきました。こうした苦労の多い創造的な作業を何年も継続したからこそ、私たちの想像を超える成果となったのです。

J・S・ミルのアウトプット学習

第3章の人の名前の覚えにくさの箇所で引用したジョン・スチュアート・ミルは、物心のつく頃から一四歳まで、父親であり哲学者でもあるジェームズ・ミルより早期教育を受けました。ミルはおびただしい数の古典を読むことで知識を豊かにしました。

彼の『自伝』(一八七三年)のなかに書かれている早期教育のようすを見ると、父親のジェームズが意図的ではないと思われますが、多様なアウトプット学習を用いていたことがよくわかります。たとえば、父親が習慣としていた散歩にミルは毎日ついて行って、必ず前日に読んだ古典の内容を父親に語っています。また、ミルが読んだ書物について父親と話し合うなかで機会あるごとに父親が文明、政治、道徳、知的修養などを教え、その内容を必ずミル自身の言葉で言い直させていました。さらにまた、八歳よりラテン語を父親から学び始めた彼は、学んだ内容を自分の妹に教えさせられています。やがてほかのきょうだいたちも次々とミルの生徒に加わり、この「授業」の準備に多くの時間をとられると同時に、きょうだいたちの成績が良くなるように全責任までもたされ、とても大変だったそうです。

けれどもミルは次のように書いています。「しかし私はこういう訓練から大きな利益も受けた。教えさせられたことは一層よく理解し、また一層長く記憶もしたわけである。それに、ことによるとむつかしいことを人に説明しようと試みることは、あの年ごろでも大きな役に立っていたのかも知れない。」(朱牟田夏雄訳)

アウトプット練習には決まり切った方法はなく、創意工夫で多様な練習を活用することこそがもっとも重要なのです。

第5章

連想の力

ハーバード大学教授で記憶研究の世界的権威のダニエル・シャクターには、記憶が思いどおりにならないことの不思議さについて書いた『なぜ、「あれ」が思い出せなくなるのか』という著作があります。シャクターはその冒頭にノーベル賞作家であった川端康成の『弓浦市』を引用しています。

主人公の作家のもとを突然訪れてきた女性が自分は三〇年まえのある時期に、九州の「弓浦市」でその作家と濃密なつきあいをしていたこと、プロポーズまで受けていたことをこと細かに話します。ところが作家は何一つ思い出すことができないためにひどく狼狽します。女性が帰ったあと調べてみますと「弓浦市」などという地名は地図には載っていませんでした。また、女性が語った濃密なつきあいのあったという時期には九州に出かけていないことにも気づきました。結局、女性の記憶が完全に間違っていたのです。この話を引き合いに出してからシャクターは記憶の不思議さについて心理学の知見をもとに解説を進めていきます。

おそらくシャクターは知らないでしょうが、この『弓浦市』という作品は川端康成自身の一種の「記憶喪失」の実体験にもとづいているようです。川端は一六歳の五月に故郷で二週間にわたって祖父の看病をしていましたが、その記憶がまったくないというのです。たまたま彼はそのとき日記を付けていて、日記には七五歳の祖父が衰弱していくようすが淡々と書かれていました。そして、この日記を書いてから一〇年後に、それを伯父の家の倉のなかで見つけ、当時のことをすっかりと忘れていた自分に驚いたというのです。その『十六歳の日記』を掲載した書籍のあとがきには次のように書かれています。

「ところが私がこの日記を発見した時に、最も不思議に感じたのは、ここに書かれた日々のような生活を、私が微塵も記憶していないということだった。私が記憶していないとすると、これらの日々は何処へ行ったのだ。どこへ消えたのだ。私は人間が過去の中へ失って行くものに就いて考えた。しかしとにかく、これらの日々は伯父の倉の一隅の革のカバンの中に生きていて、今私の記憶に蘇った。」(筆者が現代仮名遣いに変更)

これまでの章で見てきたように、私たちがさまざまな方法で自分のなかに苦労して取り込んだことがらの記憶は、時間が経過すると思い出せなくなることが少なくありません。これら忘れてしまった記憶は、川端康成の言うように、いったいどこへいってしまったのでしょうか。

1　無意識の記憶

忘却のパラドックス

ここで最初に考えておきたい重要な点は、私たちがいったい何を根拠にして忘れていると判断するのかということです。当然、思い出せないからだと答えるでしょう。けれども、ここでの問題は思い出せないという判断が何を根拠にしているのかということです。

ローマ時代末期のキリスト教の最大の神学者であり思想家でもあるアウグスティヌスは、「忘れた」とわかる限り忘却していないという忘却のパラドックスを唱えました。まず、アウグスティヌスは一枚の銀貨をなくした女がそれを探すという例をあげます。その女が自分のなくしたものが何かを記憶していなかったら、それが見つかったとき、なくしたものと同一だとどうやって知るのかというのです。それに続けて自分自身がものをなくして見つけたという体験をもとに、他人が「これではないか」とか「あれではないか」と言っても「それは違う」と言えるのはどのようなものをなくしたかを知っているからだというのです。このこと自体は、誰にとっても当たりまえのことで少しも疑問を感じないはずです。

ところが、アウグスティヌスはさらに論を進めます。私たちが何かのことがらを忘却してしまったときに、先ほどの銀貨の例と同様に、何かを忘れてしまったのに、あることがらが現れたときに「それではない」「それである」と判断できるのは、それを覚えていたからであるというのです。その一例として、知人を目のまえにしながらその名前をど忘れした場合、ほかの名前が心に浮かんでも「それは違う」とすぐにわかるということをあげています。こうして、しばらくして思い出せた名前は自分の記憶のなかから出てきたものとしか考えようがないと言います。つまり「わたしたちは、それを忘却したということだけでも知っているかぎり、まだ完全にそのものを忘却したわけではないからである。それゆえ、まったく忘却したものであるなら、わたしたちはなくしたものとして探し求めることさえもできないであろう。」(服部英次郎訳)と結論づけています。

このアウグスティヌスの考え方が正しければ、私たちが思い出すことができない(忘れた)と感じても、そのことがらは自分では自覚できない心のどこかにあるということになります。

忘却曲線はゼロにならない

それではいったい心のどこにあるのでしょうか。アウグスティヌスから時代を進めて一八世紀のドイツにとびましょう。一八世紀のドイツでは人間の理性や合理性を重視する啓蒙主義に対する反動として、いわゆるロマン主義が広がっていました。ロマン主義とは、夢や啓示(ひらめき)など意識的にコントロールできない現象に注目し、それらの根底に無意識というものの存在を仮定するという考え方です。本書で何度か引用した一八世紀の物理学者のリヒテンベルクは、その『雑記帳』のなかで私たちの心には意識できない部分が存在し、その無意識の部分からさまざまな考えが生み出されるということを書き留めています。

実は、記憶の実験的研究から忘却曲線を見出したエビングハウスも、このような無意識という概念に強く影響を受けていました。つまり、意識から消え去ったことがらも無意識の記憶として残り、この無意識の記憶が私たちの意識的な思考や行動に影響を与えると考えていたのです。エビングハウスの忘却曲線(図1-3)をもう一度よく見ると、覚えた直後から一時間程度までの間は急速に忘却が進んでいるようですが、それ以降は忘却がほとんど進まず底を打ったような状態になっています。エビングハウスは意味をもたない無意味綴りだけではなく、意味のある材料を使った忘却曲線も調べています。たとえば、イギリスの詩人バイロンの『ドン・ジュアン』という詩の数節を使って一八八四年(自身が三〇代の頃)にそれを暗唱する実験をおこなっています。その結果、無意味綴りの場合と同様に、時間の経過とともに急速に忘却が起こりますが、やはり底を打ったような状態になることを確認しています。

それから二二年後（五〇代になって）、エビングハウスは実験以後一度も見たことがなく、内容もすっかり忘れてしまったバイロンの同じ詩を再学習してみました。すると二二年経っても、完全に暗唱できるまでの時間になお七％もの節約が見られたのです。エビングハウスはこの結果をもとに、私たちが自覚できなくとも無意識の記憶として残されているものがあると主張したのです。

覚えていないのに覚えている？

無意識の記憶そのものは、その定義からわかるように意識にのぼらないため、それを直接に調べることはできません。けれども、エビングハウスのように、過去の経験を思い出しているという自覚がないにもかかわらず、その経験の影響を受けている場合、それは無意識の記憶がはたらいたと考えることができるのです。

図5-1の上図はあるものを描いた絵の断片なのですが、いったい何が描かれているかわかるでしょうか。これは、ある実験で使われた絵の断片の一例です〔5-1〕。この実験に参加した一二人は、一七年まえに図5-1の下図に示したような完全な絵を全部で二八種類見せられ

ていました。しかも、それぞれの絵は一回あたりほんの数秒間ずつ三回見ただけでした。今回の実験では一七年まえに見たことのある絵の記憶と比較するために、一度も見たことのない絵の断片が一四枚加えられ、それぞれいったい何が描かれているのか答えてもらいました。また、この一二人とは別の二一人の大学生にも初めて見る四二枚の絵の断片を見せて、何の絵かわかるか答えてもらいました。

図 5-1　見せられた絵の断片の例(上図)と，17 年まえに見せられた完全な絵の例(下図)(Mitchell, 2006〔5-1〕をもとに作成)

ここでの予想というのは、一七年まえの絵の記憶が無意識に残っていれば、この一二人の協力者は、今回初めて見る一四枚の絵の断片よりも、一七年まえに見た二八枚の絵のほうが何の絵であるかを正しく答えられるはずだというものでした。そこで一七年まえに見た二八枚の絵の断片の正答率から、今回初めて見る一四枚の絵の正答率を引いた値を無意識の記憶とみなすことにしました。今回すべての絵を初めて見る二一人の大学生も、別の一二人が一七年まえに見た二八枚の絵の正答率から一四枚の絵の正答率を引いた値を算出しました。

すると、一七年まえに見ていたグループの平均正答率は一二・五％、今回初めて見るグループは一・六％というように、過去に完全な絵を数秒間ずつ見たグループのほうが、今回初めて見るグループよりもはるかに高かったのです。ここで重要な点は、この一七年まえに見ていたグループの誰一人として、一七年まえに見たことのある完全な絵を見せても、その絵を見た経験を意識的にはまったく思い出せなかったということです。

このように、過去の経験を思い出しているという自覚がないにもかかわらず、その経験の影響を受けて絵の断片が何の絵かわかるような場合、無意識の記憶が残っていたと考えることができるのです。実はこの章の冒頭にとりあげたシャクターは、この種の無意識の記憶を潜在記憶と名づけ、一九八〇年頃から現在に至るまで、その存在を厳密な実験によって実証している第一人者です。

2　記憶の引き出し方

思い出す手がかり

ここで少し角度を変え、私たちが昔のことがらをどのようにして思い出すのかについて考えてみましょう。研究の対象とされたのはかつてのクラスメイトの名前です。この研究では高校卒業後四〜一九年が経過した四人の協力者に、高校時代のクラスメイトの名前をほぼ一日一時間ずつのべ一〇日間にわたって思い出してもらいました（5-2、5-3）。こうやって思い出したクラスメイトの名前が正しいかどうかは卒業アルバムでチェックすることができました。その結果、四人の協力者全員が長い時間をかけることで最終的にクラスメイトの名前を数多く思い出すことができました。たとえば、図5-2に示したように、五年まえに高校を卒業した協力者は、六〇九人の同級生のうち二一四人（全体の三五％）のクラスメイトの名前を思い出せましたが、クラスメイトでない間違った名前一〇八人（一八％）も思い出していました。また、一九年まえに卒業した協力者も、三一八人の同級生のうち九四人（三〇％）のクラスメイトの名前と、二五人（八％）のクラスメイトでない間違った名前を思い出しました。私たちの誰もが経験するように、あるいはまた『弓浦市』の女性のように、時間が経つとたとえ思い出せてもそれが間違っていることが記憶にはつきものなのです。

この研究で特徴的なのは、毎回思い出す際に心に思い浮かんだことをすべて口に出して言ってもらったことです。この記録を分析することによって、何年も思い出していないクラスメイトの名前を思い出すプロセスを解明しました。すると協力者たちの思い出し方には、全員に共通するものが見つかりました。クラスメイトたちと一緒に過ごした場所（教室や食堂など）や活動（数学や歴史の授業、野球や音楽バンドなどの課外活動、サマーキャンプといったイベントなど）を手がかりにして、そこから名前を思い出していたのです。とりわけ興味深かったのは、名前だけでなく、なかば自動的にその人についてのさまざまな情報（容姿や住んでいた家など）が連想されて思い浮かんでくるということでした。しかも、これらの自動的に連想された情報が新たな手がかり

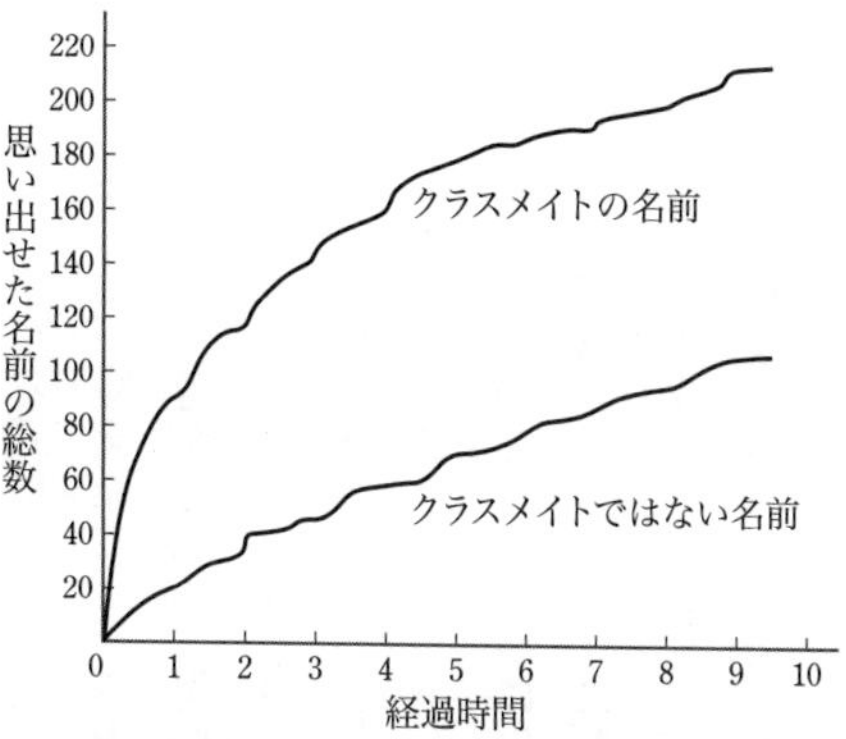

図 5-2　時間の経過につれて高校のクラスメイトの名前を思い出せた総数（Williams & Hollan, 1981）〔5-3〕

となって、芋づる式に別の名前が思い出されていったのです。

このように、覚えたことがらを引き出すための手がかりはとても重要であり、そうした手がかりは私たち自身が意図的に思い浮かべるものばかりではなく、芋づる式に自動的に生み出されるものもあるのです。もしそうだとすれば、たとえ自分では思い出せない(忘れた)と思っていても、覚えたことがらと結び付いている適切な手がかりが外から与えられれば新たに思い出せるようになるはずです。しかも、この手がかりがきっかけとなって、関連した手がかりも自動的な連想によって心のなかに生み出され、これらが相乗的な効果となり、結果として数多くのことがらが思い出せるようになると予想できます。つまり、本人がもう思い出せないと感じても覚えたことがらと結び付いている適切な手がかりが与えられるのならば、思い出せないことがらの記憶を引き出すことができるのです。

連想が記憶を引き出す

第3章では、覚える材料をもとに自由に連想をおこなっておくと記憶が良くなるということを説明しました。このような知見から推察すると、ある手がかりをきっかけに広がる連想から、それまで思い出せなかったことの記憶が引き出せると予想できます。

ロボットということばを作ったとされるチェコの有名な作家カレル・チャペックには、連想と記憶の関連性を見事に描いた『詩人』という作品があります。その詩人は朝の四時に老婆が自動車にひき逃げされた現場に居合わせていました。目撃者として警察に呼ばれたのですが、当時ひどく酔っ払っていたので何も覚えていませんでした。ただ、帰宅後に本人もわからないまま紙片に詩を書きなぐっていたのです。警察でこの詩の一句一句から自由に連想をおこなっているうちに、ある数字が詩人の心に思い浮かび、その数字がひき逃げした車のナンバーだったという話です。この作品のなかでチャペックは、詩人に「詩というものは、現実が詩人の意識下に呼びおこす自由で超現実的な思想なんですよ。そういう視覚的、聴覚的連想なんです。」（栗栖継訳）と言わせています。

もちろん、これは小説のなかのことですが、実際に私たちが連想によって忘れていたことがらを思い出せるという実験がおこなわれています〔5-4〕。まず、実験の協力者四〇人に対して図5-3のような写真を見せます。この写真を見せる時間は一〇分の一秒間というようにきわめて短い時間でした。その直後に、協力者は見せられた写真を絵にして描き、ことばも併用して、できるだけ詳細に思い出すように言われました。すると、図5-4の上図のように、どの協力者もぼんやりとしか思い出すことができませんでした。

図 5-3　実験で見せた写真(Haber & Erdelyi, 1967)〔5-4〕

そのあと正解を教えずに、三五分間、二つのグループに分けて別の作業をおこなわせました。あるグループの協力者は先に見た写真から思いつく単語を自由に答える連想をおこないました。具体的には真っ白なスクリーンを目のまえにして先に見た写真のイメージを思い浮かべてもらい、その思い浮かべた写真のイメージから何でもいいので一二語のことばを連想してもらいました。これに続けて自分が連想した一二語のそれぞれのことばを手がかりにして、さらにそれぞれ一〇語(つまり合計一二〇語)の連想をおこなってもらいました。

一方、別のグループの協力者はこのような連想をおこなわせずに記憶とはまったく無関連な作業としてダーツ投げをおこなってもらいました。

こうして、三五分が経過したあとにもう一度先ほどと同様に写真を思い出してもらったのです。

すると連想をおこなった協力者は、図5-4の下図のように細部を思い出せるようになったのです。一方、ダーツ投げをした協力者の場合は二回目も一回目の記憶と大差ないものでした。

実際、協力者の描いた絵を一〇〇点満点で採点したところ、平均して連想グループは一回目の三六点から連想後は五二点に向上し、ダーツ投げグループは一回目が三九点で二回目は三二点と下がっていました。

このように連想がある時点で思い出せないことがらの記憶を引き出せることは、ほかにも数多くの研究で明らかにされています。たとえば、かつて私がおこなった研究では、「ぽろぽろ」や「ぼうぼう」といった擬音語・擬態語と、それぞれと連想関係の強いことばをペアとして使いました。この研究では「グビグビ-涙」や「ウラウラ-火事」のような連想関係にないペアや、「ぽろぽろ-涙」

図 5-4　連想をおこなったある協力者の 1 回目のテスト（上図）と 2 回目のテスト（下図）の結果（Haber & Erdelyi, 1967）〔5-4〕

や「ぼうぼう－火事」のような連想関係にあるペアを大学生に覚えてもらいました。そして、それぞれの擬音語・擬態語を手がかりとしてペアのことばを思い出してもらったところ、連想関係にある擬音語・擬態語のほうが、そうでない無関係な擬音語・擬態語を手がかりとするよりも、ほぼ三・五倍も記憶成績が良かったのです。

連想は自動的に広がる

ある時点で思い出せない記憶を連想が引き出すことができるのはなぜでしょうか。クラスメイトの名前を思い出す実験では、協力者はまず意識的に場所や活動を設定し、そこから自動的に連想された名前が思い浮かぶようでした。専門的な議論は省くとして、ここではこのような連想の自動的な性質について考えてみましょう。

まず次の文章を読んでみてください。「父親と彼の息子がドライブ中に、父親が運転を誤り、道路から谷底へ転落し車は大破した。父親は即死で重体の息子は急いで病院に運び込まれた。手術室で外科医はその少年を見て言った。この少年を手術することはできない。彼は私の息子だ。」

この交通事故に遭った父子と外科医の関係はわかるでしょうか。おそらく、すぐに答えが思い浮かばず、一瞬考え込んでしまった方が多いのではないでしょうか。この場合、答えは簡単で外科医は事故にあった少年の母親なのです。私たちが「外科医」ということばに接すると自動的に連想が起こって「男」であると思ってしまいがちです。このような根拠のない思い込みは第2章で言及したステレオタイプの一種なのです。しかも、この文章のなかの男性関連の単語と女性関連の単語の数をかぞえてみますと、男性関連語は重複する単語も列挙すると一〇語（最初から順に、「父親」「彼」「息子」「父親」「父親」「息子」「少年」「少年」「彼」「息子」）であるのに対して女性関連語はゼロです。これらの男性関連語全体からの連想の広がりも男性の外科医という連想をあと押ししてしまうのです。

連想の自動的な広がりが確かに起こっていることを厳密な実験方法で調べたドイツの研究を見てみましょう〔5-5〕。研究の協力者はドイツ人の大学生五六人でした。実験の最初に全員にドイツの年平均気温が尋ねられます。そのとき、夏連想グループは「ドイツの年平均気温は二〇度より高いか低いか」と尋ねられ、冬連想グループは「ドイツの年平均気温は五度より高いか低いか」と尋ねられました。私自身、ドイツに夏をはさんで半年間滞在したことがありますが、日本のように夏に三〇度を超える日は皆無です。どんなに暑くても二〇度前後です。気象庁のデータによれば、実際のドイツ（ベルリン）の年平均気温は一〇度で、夏が二〇度、冬が二度という幅をもっています。そのため夏連想グループの「ドイツの年平均気温は二〇度より高いか低いか」という問いは「二〇度」ということばから自然に夏を連想してしまいます。一方、冬連想グループの「ドイツの年平均気温は五度より高いか低いか」という問いは「五度」ということばから冬を連想してしまいます。事実、それぞれの連想グループが答えた年平均気温は、夏連想グループが一六・四度で、冬連想グループは一〇・八度でした。

その後、どちらのグループにも、コンピュータの画面に一つずつ単語や無意味綴りがあらわれるので、それが単語なのか無意味綴りなのかをできるだけ速く判断して、該当するボタンを押して答えてもらいました。この単語の内訳は、夏と強く関連する単語が七語(「暑い」「ビーチ」など)、冬と強く関連する単語が七語(「寒い」「ストーブ」など)、夏にも冬にも関連しない単語が三四語(「イヌ」「テーブル」など)、そして無意味綴りが一二個(「mulp」「krump」など)でした。こうして単語であるか無意味綴りであるかという判断時間を一〇〇〇分の一秒単位で調べました。

分析の際には、どのグループの参加者についても一人ずつ、夏にも冬にも関連しない単語や無意味綴りの判断時間を各自の標準判断時間としました。この各自の標準判断時間と、夏に強く関連する単語の判断時間や冬に強く関連する単語の判断時間を比べてみました。すると夏連想グループでは夏に強く関連する単語の判断時間が速く、冬連想グループでは冬に強く関連する単語の判断時間が速いことが明らかとなりました。この結果は、確かに夏連想グループが自覚せずに夏のことを連想していたので夏と強く関連する単語の判断時間が速くなる一方、冬連想グループは冬のことを連想していたので冬と強く関連する単語の判断時間が速くなったと解釈されました。

この実験では、協力者の大学生は実験の目的も内容についても何も知らされていません。しかも判断時間は一〇〇〇分の一秒単位で調べられていますので、本人には判断時間の長短は自覚できていません。それにもかかわらず、特定の方向へ連想が自動的に広がるということが確認されたのです。

意識の控えの間

第3章で引用したイメージの個人差を明らかにしたゴールトンは、連想にも強く興味をひかれ自分自身を対象に実験的な検討をおこなっています(5-6)。まず、ゴールトンはロンドン市内の散歩中に目についた三〇〇もの対象から連想をおこなって、それを書き留め内容を分析してみました。すると、実に多彩な考え(観念)や断片的なイメージ、過去に自分が体験した出来事などがそこには含まれていました。そして、数日の間隔をあけて、もう一度同じ道を歩いて連想を書き留め、一回目の内容と比較してみました。その結果、一回目の連想の繰り返しが多く自分特有の連想傾向があることを明らかにしています。この初期の実験のあと今度は身のまわりのことば（たとえば「馬車」「寺院」「午後」など）をもとに、最初に心に思い浮かぶ連想を時間や場所を変えて何度も調べています。この場合でもやはり自分特有の連想傾向が認められています。なかには、完全に消えたはずの子ども時代の記憶が連想によって思い出されもしました。

こうした一連の連想実験から、ゴールトンは意識できる心の部分の周辺に「意識の控えの間」と名づけた無意識の部分が存在すると結論づけています。また、この「意識の控えの間」には、そのときに意識している内容と連想関係にある考え（観念）が自動的に集まっていてこれらの考え（観念）が意図せずとも湧きあがってくると考えています。そして、日常生活のなかで私たちが努力して心をはたらかせるよりも、実のところ、このような無意識の心のはたらきのほうに多くの活動がになわれているというのです。

これら無意識の記憶や考え（観念）を結びつけているのが連想なのです。ここで重要な点は私たちが意識できるのは連想の結果だけであって、連想がどのように起こっているかはリアルタイムではわからないということです。連想が起こるのは無意識の心の領域であって、私たちはそのように連想した理由を、あと付けで解釈できるものの連想中のプロセスから知ることができないのです。

3　ひらめきは無意識の底から

創造的発見への四段階

いつの時代でもどのような分野(発明や科学的発見など)であろうと、創造性(クリエイティビティ)は重視されてきました。近年のＡＩの驚異的な進展によって、私たちの創造性はますます重要なものとなってきています。ひと言で創造性と言ってもその定義は無数にあると思われますが、少なくともそれまで誰もが思いつかないまったく新たな解決(方法)を発見するという点では合意が成立するでしょう。けれども、発見するためには発見されるものが存在しなければなりません。アップルの創業者の一人スティーブ・ジョブズは、かつてインタビューで、すでに存在していた物事を関連づけることこそが創造性だと言っています。そして、創造的な人々はみなそれまでの自分の経験をつなぎ合わせて新しいものを作り上げたのであって、発見までのプロセスは本人にもあとからしかわからないのだそうです。

イギリスの政治学者・社会学者のグレアム・ウォーラスは、一九二六年に創造的な発見に至るプロセスを「準備」「培養」「発現」「検証」の四つに分けています。第一段階の準備期では、意識的に問題解決に必要な情報が収集され蓄積されるのですが、まだ明確な解決方法は何も見えていない段階です。次の第二段階の培養期では、まだ解決の目処が立たず一見問題から離れてしまいながらも問題の解決が目指されている無意識的な段階です。第三段階の発現期は、何か解決しそうだという予感に引き続いて突然の「ひらめき」がやってくる段階で、やはり無意識的なものです。ただし、ひらめきが現れても、まだ問題の解決に完全に成功したわけではありません。ひらめきをさまざまな角度から意識的に吟味検討することで具体的な解決に到達する、第四段階の検証期が必要となる、というのです。

ひらめきがやってくるとき

このウォーラスの言う第三段階のひらめきに注目すると、さまざまな逸話がすぐに思い浮かびます。誰もが知っている有名な話として、ギリシアの科学者にして数学者であり博物学者でもあったアルキメデスの風呂での逸話があげられるでしょう。

しかし、より信頼のできるひらめきの有名な例は、時代がくだり一九世紀から二〇世紀にかけて活躍したフランスの数学者のアンリ・ポアンカレの逸話です。ポアンカレは数学の難問の解決（方法）に長い間取り組んでいました。連日の疲れもあり深い眠りにもつけないまま、うとうとした状態のときにいくつかの考えの群れが勝手に思い浮かんだと言います。そして、それらが互いに衝突し合って、そのうちの二つの考えが安定した組み合わせになり、ひらめきが生まれました。そのあと朝までには問題の解決が大きく前進したというのです。さらにまた別のときに、ポアンカレは苦労に苦労を重ねてもう少しで解決できるという仕事からいったん離れることになりました。どうしても用事で旅に出かけなければならず、この仕事のことは忘れていたと言います。ところが、乗合馬車に乗ろうとした瞬間に突然、難問の答えがひらめいたそうです。

ポアンカレ自身はこのような自分の体験を詳細に分析して一九〇二年に書き残しています。ひらめきというものは、その問題から一時的に離れて休んでいる間に無意識的な活動がおこなわれ続けることによって得られる。ただし、このような無意識的な活動のまえには、徹底的に集中して考え抜くことが重要である、というように述べています。

このポアンカレの話のように、意識的に問題の解決に取り組んでいるときではなく、その問題から距離をおいた、なかば無意識の状態で突然のひらめきが現れることが多いのです。一九四九年に日本人として初めてノーベル物理学賞を受賞した湯川秀樹のひらめきもそのような状態のときに起こりました。当時、湯川は昼夜を分かたず必死になって原子核の構造について考えていました。昼間はなかなかよいアイデアが浮かばないのですが、夜、寝床に入ると様々なアイデアが浮かび、ついにひらめきが起こったと言います。そのあたりのことを湯川自身の著作から見てみましょう。

「ところが夜、寝床に入って横になると、様々なアイディアが浮かんでくる。それは数式の羅列に妨げられずに、自由に成長してゆく。〔中略〕忘れてしまうといけないので、まくらもとにノートが置いてある。一つのアイディアを思いつくごとに、電灯をつけてノートに書きこむ。こんなことが、また何日かつづいた。十月始めのある晩、私はふと思いあたった。〔中略〕こんなことに、私は今までどうして気がつかなかったのだろう。」

このように、ポアンカレも湯川も、問題の解決に没頭し続け、そこから一旦離れた状態になったとき新たなアイデアがひらめいています。チンパンジーにも一種のひらめきに似た行動のあることを発見したドイツのある心理学者は、自身の経験でひらめきが生じるのが入浴中とかひげをそっているときなど問題の解決に意識的に関与していないときであると述べています。

そして、スコットランドの著名な物理学者から聞いた話として、ひらめきが生じる三つのBを紹介しています。三つのBとは、乗り物のバス(Bus)、風呂(Bath)、ベッド(Bed)です。また、東洋に目を転じると、一一世紀の中国の政治家で詩人でもある欧陽脩《おうようしゅう》という人物は、ひらめきが生じるのは「三上」であるということばを残しています。三上とは、「馬上」「枕上」「厠上」のことで、それぞれ馬に乗っているとき、寝ているとき、トイレにいるときにひらめきが生じやすいと言われています。いずれにしても、意識的な集中や努力から離れている状態のときにひらめきが起こりやすいようです。

集中するとひらめかない

では、なぜ意識的に集中しているときにひらめきは生じないのでしょうか。その理由の一つは、解決に集中するあまり、問題を一面的にしかとらえられなくなっているからだと思われます。図5-5は、そんな一面的な構えを調べるためのロウソク問題と呼ばれるものです。解決しなければならない問題は、この上図にある材料だけを使い、火をともしたロウソクを壁に固定するというものです。この問題を考案した心理学者によると、正答できたのは七人中三人(四三%)だけだったということでした〔5-7〕。私も六〇人ほどの心理学の授業で、毎年、これ

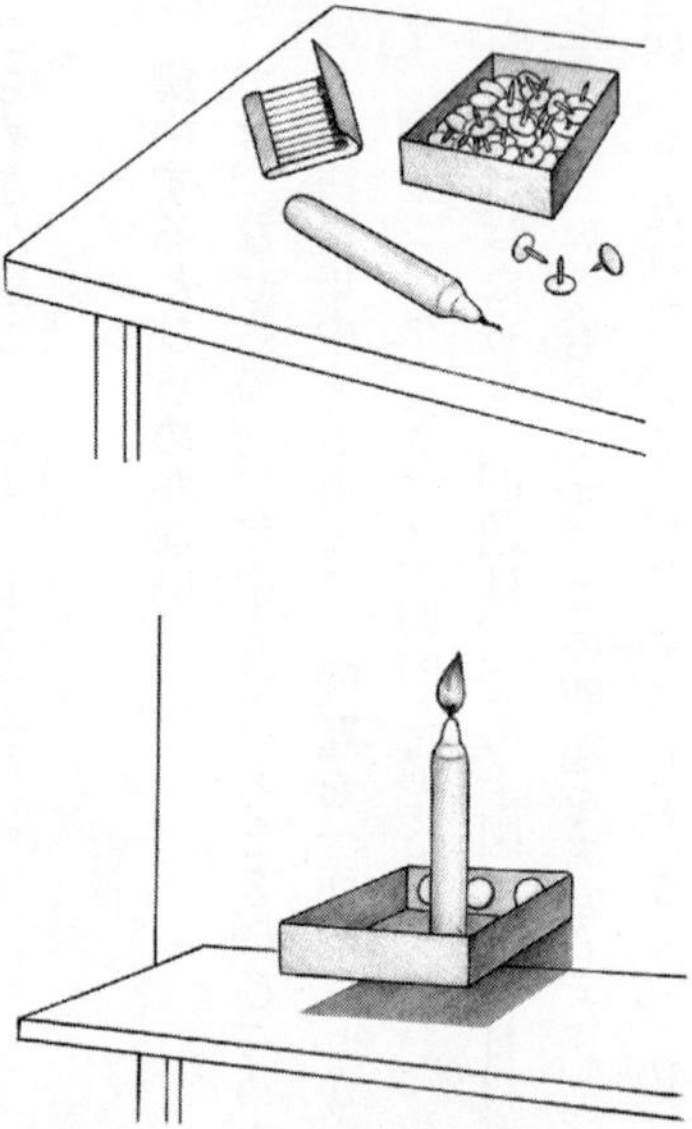

図5–5　ロウソク問題(上図)とその答え(下図)(Duncker, 1935〔5–7〕をもとに作成)

と同じ問題を女子学生に解かせていたことがありますが、おおむね正答率は六〇%前後でした。

　この問題の正解は下図にあるように、まず画鋲を箱からすべて取り出して、その箱を画鋲で壁に固定し、マッチで火をともしたロウソクの台として使うことです。この問題が難しいのは画鋲の箱を画鋲を入れるものというように一面的にしか見ることができず、本来の用途以外の使い方に気づかないことが原因と言われています。事実、この問題を考案した心理学者が事前に画鋲を箱から出しておくと、別の七人の協力者は全員正答できました。

　このロウソク問題は正答が一つなので、創造性のような正答のない問題とは同一に論じることは必ずしもできませんが、ひたすら問題だけに集中することのマイナス面をあらわしていると思われます。

意識的に集中しているときにはひらめきが起こらないもう一つの理由は、解決に集中している場所が関係していると考えることができそうです。こと何かを考える場所は、書斎にしろ仕事場にしろ、いつもほぼ同じ場所であるのがふつうです。第１章で紹介した連合主義者のロックは『人間知性論』(一六八九年)という著書のなかで、場所と記憶との面白い結びつきについて書いています。それはダンスを習った青年の話です。この青年がダンスを練習した部屋の片隅には、たまたま古いトランクが置かれていました。そのため、彼はその部屋では見事にダンスを踊れるようになったのですが、トランクがないとうまく踊れなかったというのです。この理由として、ロックはトランクの置かれた部屋とダンスという体の記憶が強く結びついてしまったからだと考えました。

私たちも自分が生まれ育った場所に何年かぶりで行くと、その頃の思い出があふれ出してくるという経験があるはずです。これもまた、場所と思い出(記憶)との結びつきの一例です。つまり、先ほどのロウソク問題の一面的な構えと同様、いつも同じ場所にいると同じような記憶や考え方しか浮かんでこないものなのです。

このことは俳句を作る人たちにはよく知られていることです。だから、ふだんとは異なる場所に出かけて俳句作りをする吟行《ぎんこう》というものが盛んにおこなわれているのです。

創造性の本質

禅の世界でよく知られていることばに「香厳撃竹大悟《きょうげんげきちくたいご》」というものがあります。禅には公案と呼ばれる問題があり、そもそも答えがあるのかないのかすらわからず、解くのが難しいものが数多くあります。「隻手《せきしゅ》の声」として知られる「両手を叩くと音がする。では片手の音とはなんだろう」といったものが代表的な公案です。

その昔、中国の唐の時代に香厳という当代きっての秀才がいました。出家して禅師となったのですが、ある公案をどうしても解くことができずに、自分の無能さに失望して田舎に引っ込んでしまったそうです。そんな香厳が山中で掃除のため草や木を取り除いていたとき、たまたま投げ出したものが竹に当たってカチンと音がしました。そのとたんに香厳はあの公案の意味を悟ったといいます。これが、香厳が竹に当たる音を聞いた瞬間に悟りを開いたという「香厳撃竹大悟」の由来なのです。

この話を引用している日本の仏教学者であった秋月龍珉《りょうみん》は、この香厳の悟りに至る過程について無意識のはたらきに注目して次のように書いています。「香厳ほどの秀才が、たとえみずから意識の上では公案の工夫をやめたと考えていても、それであの根本的な問いから離れることができたとは考えられない。無意識のうちに、彼は深くこの問題に沈潜し、ともすれば彼の精神はかの一点に集中されていったと思われる。心の一隅に一たび投じられたかの波紋は、必ずやいつか心全体にひろがらずにいない。」

ロウソク問題とは異なり、単一の答えのない公案にかかわる悟りとひらめきの過程はとてもよく似ています。先に例に出したポアンカレは、創造性の本質とは無からできあがるものではなく、きわめて「かけ離れた」要素の新たな組合せを無意識によって選択することにあると言っています。

これまで何度もでてきたジェイムズは、ゴールトンと同様に、無意識の記憶の存在を確信していました。そして、忘れてしまったことがらを思い出そうとするプロセスと、目のまえの未知の問題を解決するプロセスが本質的に類似していると指摘しています。違うのは前者がすでに私たちの無意識の記憶にあるのに対して、後者はそうではないというのです。これまで述べてきたように、多様な連想の重なりが忘れてしまった無意識の記憶を引き寄せるのであれば、同じプロセスである未知の問題を解決することにも連想が有用であると考えることができます。

たとえば、ブレイン・ストーミングという名前で知られている創造性を伸ばす方法の基本は、一人ないしはグループで思いつく限りの無数の連想をおこなうことから始まります。無数の連想をおこなわなければならないために、ありきたりの連想が尽き果て、しまいにはかけ離れたユニークな連想が自動的に思い浮かびやすくなるのです。

人生の経験が連想を生みだす

何らかの問題の解決に意識的にかかわったあと、いったんそこから離れた状態でひらめきが起こることが多いのはなぜなのでしょうか。おそらく徹底的に考えつくしたあと、そこから離れることで無意識に沈んでいる連想のつながりが意識に浮かび上がりやすくなるのかもしれません。ここで重要なことは、当該の領域に関連した膨大な知識をもとに徹底した意識的な思索をおこなっておくことがひらめきをもたらすということだと思います。ひらめきが無意識の記憶内での連想に関与しているかどうかは、今のところまだ実証できないにしても、連想に関して断言できることがあります。私たちは誰もがみな生きていくなかで様々な人々と交流をもち、成功や失敗、喜怒哀楽といった感情をもちながら、一瞬一瞬、人生の経験を積み重ねてきています。これら人生の経験は一人として同じものはありません。この人生経験の違いこそが無意識の記憶と合わさって、個人特有の連想傾向を生み出すのです。

この章のはじめに触れた川端康成は、自らの作風を「連想の浮び流れるにつれて書いてゆきたい私は、書くにつれて連想が誘われ湧いてでる。だれだってそうであるが、自分はその癖が強いのではないかと思う。」と述べたそうです。このような川端独自の連想を生み出すのは川端自身の人生経験です。また、円周率一〇万桁を暗唱した原口さんの語呂合わせを基本とした意味づけと関連づけには、友寄さんもそうですが、数字の一つ一つからの連想が必要です。事実、原口さんの連想能力について、第1章の冒頭にあったような意味のない図形を使ったテストによって詳しく調べたところ、原口さんには実に多種多様な連想が見られました。ここにも原口さん独自の人生経験が関与しています。

ノンフィクション作家として長く活躍した立花隆は、その関心の幅広さ、徹底した資料収集にもとづいた真実の追求などから「知の巨人」と呼ばれていました。その立花が、あるところで「汝は汝が食するところのものである」という西洋の言い回しを引き合いに出して、すべての人の現在は、結局のところ、その人が過去に経験したことの集大成であると主張しています。

私たちは記憶の蓄積という点でＡＩに勝つことはできません。おそらく今後は古今東西の全世界の知識やネット空間に発信される情報がＡＩに集積されていくことでしょう。そして、そういった膨大な情報量をもとにＡＩも自由に連想を生み出すようになるはずです。けれども、そこには私たちと違って、本質的には何一つ独自性は見られないでしょう。なぜなら私たち一人ひとりの記憶や知識や人生経験の違いに根ざした、無意識のはたらきである連想の独自性というものは、ＡＩには絶対に真似のできないものだからです。そのような意味で、私たち一人ひとりは誰もがみな創造性にあふれた存在なのです。

おわりに

記憶のアウトソーシングで失うもの

はじめにで書いたように、今はＡＩによる記憶のアウトソーシングの時代です。今後、私たちは覚えることからも忘れることからも解放される時代を生きていくことになります。けれども、それは本当にすばらしいことなのでしょうか。

夏目漱石の弟子であり、『冥途』など時間や空間を超えた幻想的な作品を多く遺した内田百閒《ひゃっけん》は、諧謔味のある随筆家としても知られていました。そんな内田が一九四二年に『忘却』というタイトルで大学生を相手に講演をしたことがあります。講演のなかで内田は「知らないということ」と「忘れたということ」はまったく違うと言っています。「知らないということ」はお話にもなりません。けれども、覚えたことがらを「忘れたということ」は記憶に残っていたものが、ふるいにかけられたり、押し出されたりして消えて、そこに判断力が生まれるというのです。

内田の主張を今の社会状況に当てはめて考えるのならば、私たちが記憶のアウトソーシングに頼ることで覚えることや忘れることから解放されようとすると、判断力を身につける機会を自ら捨て去ることになります。ともすれば記憶とは過去の再現に焦点が当てられがちです。はじめにで紹介した『ドラえもん』のアンキパンのエピソードは、アンキパンを食べ過ぎた主人公の少年が下痢をして、結局イチから学び直さなければならないという結末で終わります。このエピソードには人間の記憶力の貧弱さに加えて、過去の再現だけを目的とすることのむなしさも描かれているのです。

そもそも個人が蓄積してきた記憶は私たちの現在や未来の意思決定のガイドラインとなるものなのです。このガイドラインのはたらきこそが内田のいう判断力なのです。もちろん、ＡＩの完璧に正確な記憶力に比べたとき、私たちの記憶力はあまりにも貧弱です。けれども、貧弱だからこそ、私たちが生きていくなかで積み重ねられる新たな多種多様な経験により記憶が変容し、ガイドラインとしての判断力も柔軟に修正されていくのです。つまり、記憶力の貧弱さのおかげで私たちは変わることができるのです。

楽しむことが唯一の道

貧弱な記憶力のおかげで私たちが柔軟に変われるとは言っても、現実には記憶力の貧弱さを少しは改善しなければなりません。そのためにはどうすればいいのでしょうか。

本書で何度か紹介したジョン・スチュアート・ミルには「幸福になる唯一の道は、幸福をではなく何かそれ以外のものを人生の目的にえらぶことである」(朱牟田夏雄訳)ということばがあります。このことばは私が高校生のときに初めて知ったもので、それ以来五〇年近く私の座右の銘となっています。ここで私たちの貧弱な記憶力を改善するには、このことばをもじって「記憶を良くするための唯一の道は、記憶をではなく、何かそれ以外のものを人生の目的にえらぶことである」と言えるでしょう。

「それ以外のもの」が何かはみなさん自身が考えればよいことだと思いますが、私は知ることとの喜びや楽しさだと確信しています。本書で引用した古今東西の人物たちはみな知ることそのものが喜びであり楽しみだったのです。

このことはあの『赤毛のアン』の作者ルーシー・モード・モンゴメリが主人公のアンに言わせた次の有名な台詞に集約されています。「これから発見することがたくさんあるって、すてきだと思わない？　あたししみじみ生きているのがうれしいわ——世界って、とてもおもしろいところですもの。もし何もかも知っていることばかりだったら、半分もおもしろくないわ。」(村岡花子訳)。アンはティーンエイジャーの女の子ですが、この知ることの喜びや楽しみは、老若男女、国籍や時代を問わず、誰にでも当てはまることなのです。

本書でとりあげることを快諾していただいた原口さんと友寄さんとの出会いは、私にとって研究者としても人間としても大きな転機となりました。お二人に出会うまでは、何万桁もの円周率を暗唱するために血のにじむような努力を何年も続けた結果、ついには目標を達成したというように思っていました。私の小さい頃には、高度経済成長の時代を背景に、努力が何ものにも優先するという風潮があり、死にものぐるいの絶えざる努力こそが成功を生みだすというアニメやドラマにも数多く接してきました。こうした努力優先主義の洗礼を受けてきた私が驚かされたのは、円周率の暗唱をあと押ししていたのは、お二人とも、苦しみではなく喜びや楽しさだったということでした。つまり「努力の末に成功があった」のではなく「楽しんでいたら、自然に努力につながり、結果として成功した」という図式だったのです。

仕事の道程を楽しむ

イメージや連想など、本書のさまざまな箇所で引用したゴールトンは、父親の残した莫大な遺産のおかげで定職に就くことなく、まるで旅でもするかのように、自由奔放に自らの興味の赴くままの人生を送りました。事実、ゴールトンの名が知られるようになったのは、二八歳から二年間にわたり、まだ暗黒大陸と言われていた西アフリカを人類史上初めて探検したという偉業のためでした。この自らの経験をもとに、探検に必要な装備や心得のノウハウを実に細かく書きしるした『旅の技術』(一八五五年)という本は、今日で言う旅行ガイドブックの先駆けとして、当時のベストセラーになっています。そのなかでゴールトンが強調しているのは、困難な旅が終わって文明の土地へ帰ることだけを心待ちにせず、冒険に満ちた毎日の旅を楽しむのがよいということでした。そうして一歩一歩進んでいけば、気がつけば驚くほど長い距離を旅することになるというのです。

同時代のイギリスに生き、美術雑誌の編集にたずさわるかたわらに執筆もおこなっていたフィリップ・ギルバート・ハマトンには、『知的生活』(一八七三年)という著書があります。そのなかで、ハマトンはゴールトンの『旅の技術』のこの箇所を引用して、仕事の終わることだけを心待ちにせず、仕事の道程を楽しむべきだと主張しています。

遅々として進まない今回の執筆の過程では、何度もこのハマトンのことばを思い浮かべ、できる限り執筆を楽しむようにしました。とはいえ、とりわけ苦労したのは専門用語を使わないということでした。たとえば、意味づけは精緻化、知識は意味記憶、関連づけは体制化、連想の広がりは活性化の拡散など、専門用語を使えば執筆もずいぶん楽なものになったはずです。

専門用語は専門家集団内では、ほぼ同じ概念を思い浮かべられる便利なものですが、専門家ではない一般の方にとっては専門用語が出てくるだけで理解が難しくなってしまいます。そのため、本書では専門用語を使わずにふだん使いのことばを使うことにしました。ふだん使いのことばだと私の伝えたい概念が正確に伝わらないというリスクもありましたが、それでも嚙みやすさと消化しやすさのほうを優先したつもりです。

南方熊楠はその独創的な南方マンダラのなかに、西洋の因果関係だけではなく「縁」というものを含めようとしていました。永沼浩一さんをはじめとした岩波書店のみなさんとの「縁」がなければ、けっして本書は日の目をみなかったでしょう。

執筆を開始した時点から現在に至る間に長く中断するなどして、八年もの歳月が流れてしまいました。執筆こそ進まないものの、その間に七人の孫に恵まれることになりました。そのため、執筆途中からは第3章に名前を出した孫たち(穂乃花、佑哉、穂美、美結、歩美、美晴、澪)が、いつの日か読んでくれることを想像しながら執筆を進めました。彼らが小中学校に行く頃には完全にデジタルの世界となり、もはや紙の書籍は二〇世紀のレコードと同様、ごく一部の愛好家の手元に残るだけになるでしょう。私が執筆する紙の書籍はこれが最後になるかもしれませんが、デジタルの世界で孫たちやそのまた孫たちに読んでもらえることを確信しています。

ゲーテはあの有名な『さすらい人の夜の歌』を三一歳のときに泊まった狩猟小屋の壁に書きつけました。それから五〇年後の八一歳のときにその狩猟小屋を再訪し、まだ壁に残っていた自分の書いた詩を見つけ涙したといいます。本書の鍵となる連想を私がとりあげたのは二四歳の修士論文執筆のときでした。その後とりたてて連想と向き合うこともなく、四〇年後の今回の執筆では、連想と記憶の関係を深く考えると同時に、記憶というものから私が連想したことがらをまとめることになりました。四〇年の年月をへだてて連想についてもう一度考えることのできた私には、ゲーテの心情が少しは理解できるような気がしています。

ゴールトンの『旅の技術』を引用したハマトンは、仕事の過程と旅の過程、さらには人生の過程も、それぞれそれを楽しむように勧めています。ハマトンの言うように、私もこれからの人生の過程を楽しむと同時に、ゲーテの『さすらい人の夜の歌』にならって憩いながらも、新たに豊饒な連想が湧き起こるテーマを探し続けていきたいと思っています。

二〇二四年六月

高橋雅延

おもな参考文献

はじめに

黒澤和子(2007)．黒澤明「生きる」言葉．PHP 研究所．

ニール・バスコム／松本剛史訳(2004)．パーフェクトマイル．ソニー・マガジンズ．

鶴見和子(1981)．南方熊楠．講談社学術文庫．

第 1 章

ゲオルク・クリストフ・リヒテンベルク／宮田眞治訳(2018)．リヒテンベルクの雑記帳．作品社．

James, W. (1890). *The principles of psychology.* Henry Holt and Company.

原口證(2006)．円周率 10 万桁への挑戦——ぶっちぎり世界記録保持者の記憶術．日刊工業新聞社．

第 2 章

James, W. (1890). *The principles of psychology.* Henry Holt and Company.

V. H. グレッグ／梅本堯夫監修，高橋雅延・川口敦生・菅眞佐子訳(1988)．ヒューマンメモリ．サイエンス社．

P. J. シルビアほか／金坂弥起訳(2019)．大学で学ぶ心理学——学部生・大学院生のための専攻ガイドブック．誠信書房．

Leroy, S. (2009). Why is it so hard to do my work? The challenge of attention residue when switiching between work tasks. *Oranizational Behavior and Human Decision Processes,* **109**, 168–181.

オリソン・S・マーデン／本田直之監訳，堀千恵子訳(2012)．オリソン・マーデン 成功の原理原則．ダイヤモンド社．

Stothart, C., *et al.* (2015). The attentional cost of receiving a cell phone notification. *Journal of Experimental Psychology: Human Perception and Performance,* **41**, 893–897.

Ward, A. F., *et al.* (2017). Brain drain: The mere presence of one's own smartphone reduces available cognitive capacity. *Journal of the Association for Consumer Research,* **2**, 140–154.

J. カバットジン／春木豊訳(2007)．マインドフルネスストレス低減法．北大路書房．

第3章
マーク・トウェイン／里内克巳訳(2020).〈連載版〉マーク・トウェイン自伝. 彩流社.
Hatano, G. & Osawa, K.(1983). Digit memory of grand experts in abacus-derived mental calculation. *Cognition*, **15**, 95–110.
友寄英哲(1988).「3秒集中」記憶術. 光文社.
友寄英哲(1989). 数字と文章3秒間記憶術. 日本実業出版社.
Robson, J. M.(Ed.)(1973). *Collected works of John Stuart Mill*. vol. 7. University of Toronto Press.
フランセス・A・イエイツ／玉泉八州男監訳, 青木信義・井出新・篠崎実・野崎睦美訳(1993). 記憶術. 水声社.
板坂元(1980). 何を書くか, どう書くか——知的文章の技術. 光文社.
ショウペンハウエル／斎藤忍随訳(1960). 読書について 他二篇. 岩波文庫.

第4章
Daniel T. Willingham／恒川正志訳(2019). 教師の勝算——勉強嫌いを好きにする9の法則. 東洋館出版社.
マルコム・グラッドウェル／勝間和代訳(2009). 天才! 成功する人々の法則. 講談社.
アンダース・エリクソン, ロバート・プール／土方奈美訳(2016). 超一流になるのは才能か努力か?. 文藝春秋.
鈴木鎮一(1966). 愛に生きる. 講談社.
Rohrer, D., *et al.*(2005). The effect of overlearning on long-term retention. *Applied Cognitive Psychology*, **19**, 361–374.
ヘルマン・エビングハウス／宇津木保訳, 望月衛閲(1978). 記憶について. 誠信書房.(〔1-3〕の英訳版からの翻訳書)
F. C. バートレット／宇津木保・辻正三訳(1983). 想起の心理学. 誠信書房.(原著は〔1-1〕)
Butler, A. C. & Roediger, H. L. III.(2008). Feedback enhances the positive effects and reduces the negative effects of multiple-choice testing. *Memory & Cognition*, **36**, 604–616.
ベーコン／服部英次郎ほか訳(1966). 世界の大思想6 ベーコン. 河出書房新社.
白石良夫全訳注(2009). 本居宣長「うひ山ぶみ」. 講談社学術文庫.
Pyc, M. A. & Rawson, K. A.(2010). Why testing improves memory: Mediator effectiveness hypothesis. *Science*, **330**, 335.
J. S. ミル／朱牟田夏雄訳(1960). ミル自伝. 岩波文庫.

第5章
ダニエル・L・シャクター／春日井晶子訳(2002)．なぜ，「あれ」が思い出せなくなるのか——記憶と脳の7つの謎．日本経済新聞社．

川端康成(1980)．十六歳の日記(川端康成全集第2巻)．新潮社．

聖アウグスティヌス／服部英次郎訳(1976)．告白．岩波文庫．

カレル・チャペック／栗栖継訳(1976)．ひとつのポケットから出た話．晶文社．

Erdelyi, M. H.(1996). *The recovery of unconscious memories: Hypermnesia and reminiscence*. The University of Chicago Press.

Wolf, G.(1986). Steve Jobs: The next insanely great thing. *Wired*, February.

グレアム・ウォーラス／松本剛史訳(2020)．思考の技法．ちくま学芸文庫．

ポアンカレ／吉田洋一訳(1953)．科学と方法．岩波文庫．

ポアンカレ／伊藤邦武訳(2021)．科学と仮説．岩波文庫．

湯川秀樹(1960/2011)．旅人——ある物理学者の回想．角川ソフィア文庫．
W. ケーラー／田中良久・上村保子訳(1971)．ゲシタルト心理学入門．東京大学出版会．
ジョン・ロック／大槻春彦訳(1972)．人間知性論．岩波文庫．

秋月龍珉(2009)．公案——実践的禅入門．ちくま学芸文庫．

立花隆(2020)．知の旅は終わらない——僕が3万冊を読み100冊を書いて考えてきたこと．文春新書．

おわりに
内田百閒(2003)．百鬼園先生言行録．ちくま文庫．
J. S. ミル／朱牟田夏雄訳(1960)．ミル自伝．岩波文庫．
モンゴメリ／村岡花子訳(2008)．赤毛のアン．新潮文庫．
Galton, F.(1855). *The art of travel: Shifts and contrivances available in wild countries*. John Murray.
P. G. ハマトン／渡部昇一・下谷和幸訳(1991)．知的生活．講談社学術文庫．

本書で紹介しているおもな研究

本書で紹介している研究の典拠となる文献を示す．本文中での紹介箇所には各文献の番号を付した．なお，筆者の研究についてはとくに明示していない．

第1章

〔1-1〕Bartlett, F. C.(1932). *Remembering: A study in experimental and social psychology.* Cambridge University Press.

〔1-2〕Heider, F. & Simmel, M.(1944). An experimental study of apparent behavior. *American Journal of Psychology,* **57**, 243-259.

〔1-3〕Ebbinghaus, H.(1885). *Über das Gedächtnis: Untersuchungen zur experimentelle Psychologie.* Leipzig: Duncker & Humbolt.

〔1-4〕Bransford, J. D. & Johnson, M. K.(1972). Contextual prerequisites for understanding: Some investigations of comprehension and recall. *Journal of Verbal Learning and Verbal Behavior,* **11**, 717-726.

〔1-5〕Stein, B. S. & Bransford, J. D.(1979). Constraints of effective elaboration: Effects of precision and subject generation. *Journal of Verbal Learning and Verbal Behavior,* **18**, 769-777.

〔1-6〕Franks, J. J., *et al.*(1982). Learning from explicit versus implicit texts. *Journal of Experimental Psychology: General,* **111**, 414-422.

〔1-7〕Stein, B. S., *et al.*(1982). Differences in the precision of self-generated elaborations. *Journal of Experimental Psychology: General,* **111**, 399-405.

第2章

〔2-1〕Simons, D. J. & Chabris, C. F.(1999). Gorillas in our midst: Sustained inattentional blindness for dynamic events. *Perception,* **28**, 1059-1074.; selective attention test(youtube.com/@DanielSimons).

〔2-2〕Chabris, C. F., *et al.*(2011). You do not talk about Fight Club if you do not notice Fight Club: Inattentional blindness for a simulated real-world assault. *i-Perception,* **2**, 150-153.

〔2-3〕Trafton, D., *et al.*(2013). The invisible Gorilla stikes again: Sustained inattentional blindness in expert observers. *Psychological Science,* **29**, 1848-1853.

〔2-4〕梅本堯夫(1979). 記憶範囲の測定. 京都大学教育心理学実験演習未発表資料.
〔2-5〕Kuznekoff, J. H. & Titsworth, S.(2013). The impact of mobile phone usage on student learning. *Communication Education*, **62**, 233-252.
〔2-6〕Buser, T. & Peter, N.(2012). Multitasking. *Experimental Economics*, **15**, 641-655.
〔2-7〕Ovsiankina, M.(1928). Die Wiederaufnahme unterbrochener Handlungen. *Psychologische Forschung*, **11**(3/4), 302-379.
〔2-8〕Zeigarnik, B.(1927). Das Behalten erledigter und unerledigter Handlungen. *Psychologische Forschung*, **9**, 1-85.

第3章
〔3-1〕Nickerson, R. S.(1965). Short-term memory for complex meaningful visual configurations: A demonstration of capacity. *Canadian Journal of Psychology*, **19**, 155-160.
〔3-2〕Nickerson, R. S.(1968). A note on long-term recognition memory for pictorial material. *Psychonomic Science*, **11**, 58.
〔3-3〕Nelson, T. O., *et al.*(1974). Role of details in the long-term recognition of pictures and verbal descriptions. *Journal of Experimental Psychology*, **102**, 184-186.
〔3-4〕Bahrick, H. P.(1984). Memory for people. In J. E. Harris & P. E. Morris(Eds.), *Everyday memory, actions and absent-mindedness*. Academic Press. pp. 19-34.
〔3-5〕Susukita, T.(1933). Untersuchung eines ausserordentlichen Gedächtnisses in Japan(I). *Tohoku Psychologia Folia*, **1**, 111-134./ Susukita, T.(1934). Untersuchung eines außerordentlichen Gedächtnisses in Japan(II). *Tohoku Psychologia Folia*, **2**, 15-42.
〔3-6〕Galton, F.(1880). Statistics of mental imagery. *Mind*, **5**, 301-318.
〔3-7〕Ericsson, K. A., *et al.*(1980). Acquisition of a memory skill. *Science*, **208**, 1181-1182.
〔3-8〕Chase, W. G. & Ericsson, K. A.(1981). Skilled memory. In J. R. Anderson(Ed.), *Cognitive skills and their acquisition*. Lawrence Erlbaum Associates. pp. 141-189.
〔3-9〕Bower, G. H., *et al.*(1969). Hierarchical retrieval schemes in recall of categorized word lists. *Journal of Verbal Learning and Verbal Behavior*, **8**, 323-343.
〔3-10〕Hunt, E. & Love, T.(1972). How good can memory be? In A. W.

Melton & E. Martin (Eds.), *Coding processes in human memory*. Winston. pp. 237-260.
〔3-11〕Mäntylä, T. (1986). Optimizing cue effectiveness: Recall of 500 and 600 incidentally learned words. *Journal of Experimental Psychology: Learning, Memory, and Cognition*, **12**, 66-71.
〔3-12〕Bower, G. H. & Clark, M. C. (1969). Narrative stories as mediators for serial learning. *Psychonomic Science*, **14**, 181-182.

第4章

〔4-1〕Ericsson, K. A., *et al.* (1993). The role of deliberate practice in the acquisition of expert performance. *Psychological Review*, **100**, 363-406.
〔4-2〕Kruger, W. C. F. (1929). The effect of overlearning on retention. *Journal of Experimental Psychology*, **12**, 71-78.
〔4-3〕Jacoby, L. L. (1978). On interpreting the effects of repetition: Solving a problem versus remembering a solution. *Journal of Verbal Learning and Verbal Behavior*, **17**, 649-667.
〔4-4〕Rawson, K. A. & Kintsch, W. (2005). Rereading effects depend on time of test. *Journal of Educational Psychology*, **97**, 70-80.
〔4-5〕Karpicke, J. D. & Roediger, H. L. III. (2008). The critical importance of retrieval for learning. *Science*, **319**, 966-968.
〔4-6〕Roediger, H. L. III. & Karpicke, J. D. (2016). Test-enhanced learning: Taking memory tests improves long-term retention. *Psychological Science*, **17**, 249-255.
〔4-7〕〔4-3〕と同じ.
〔4-8〕Rhodes, M. G. & Castel, A. D. (2008). Memory predictions are influenced by perceptual information: Evidence for metacognitive illusions. *Journal of Experimental Psychology: General*, **137**, 615-625.
〔4-9〕Carpenter, S. K., *et al.* (2013). Appearances can be deceiving: Instructor fluency increases perceptions of learning without increasing actual learning. *Psychonomic Bulletin & Review*, **20**, 1350-1356.

第5章

〔5-1〕Mitchell, D. B. (2006). Nonconscious priming after 17 years: Invulnerable implicit memory? *Psychological Science*, **17**, 925-929.
〔5-2〕Williams, M. D. & Santos-Williams, S. (1980). Method for exploring retrieval processes using verbal protocols. In R. Nickerson (Ed.), *Attention and Performance*, vol. 8. Lawrence Erlbaum Associates. pp. 671-689.

〔5-3〕Williams, M. D. & Hollan, J. D. (1981). The process of retrieval from very long-term memory. *Cognitive Science*, 5, 87–119.
〔5-4〕Haber, R. N. & Erdelyi, M. H. (1967). Emergence and recovery of initially unavailable perceptual material. *Journal of Verbal Learning and Verbal Behavior*, 6, 618–628.
〔5-5〕Mussweiler, T. & Strack, F. (2000). The use of category and exemplar knowledge in the solution of anchoring tasks. *Journal of Personality and Social Psychology*, 78, 1038–1052.
〔5-6〕Galton, F. (1883). *Inquiries into human faculty and it's development*. Macmillan.
〔5-7〕Duncker, K. (1935). *Zur Psychologie des Productiven Denkens*. Verlag von Julius Springer.

高橋雅延

1958年新潟県生まれ
1981年京都教育大学卒業，1986年京都大学大学院博士課程単位取得退学，1996年京都大学博士(教育学)取得．京都大学助手，京都橘大学助教授などを経て，聖心女子大学教授．2023年退職．聖心女子大学名誉教授
専攻—認知心理学
著書—『家族関係の闇が引き起こす「抑うつ」と，その解放』(英智舎)，『変えてみよう！ 記憶とのつきあいかた』『認知と感情の心理学』(いずれも岩波書店)，『記憶力の正体』(ちくま新書) ほか

記憶の深層 —〈ひらめき〉はどこから来るのか
岩波新書(新赤版)2025

2024年7月19日 第1刷発行

著 者 高橋雅延《たかはしまさのぶ》

発行者 坂本政謙

発行所 株式会社 岩波書店
〒101-8002 東京都千代田区一ツ橋 2-5-5
案内 03-5210-4000 営業部 03-5210-4111
https://www.iwanami.co.jp/

新書編集部 03-5210-4054
https://www.iwanami.co.jp/sin/

印刷・三陽社 カバー・半七印刷 製本・中永製本

ISBN 978-4-00-432025-8 Printed in Japan

岩波新書新赤版一〇〇〇点に際して

ひとつの時代が終わったと言われて久しい。だが、その先にいかなる時代を展望するのか、私たちはその輪郭すら描きえていない。二〇世紀から持ち越した課題の多くは、未だ解決の緒を見つけることのできないままであり、二一世紀が新たに招きよせた問題も少なくない。グローバル資本主義の浸透、憎悪の連鎖、暴力の応酬――世界は混沌として深い不安の只中にある。

現代社会においては変化が常態となり、速さと新しさに絶対的な価値が与えられた。消費社会の深化と情報技術の革命は、種々の境界を無くし、人々の生活やコミュニケーションの様式を根底から変容させてきた。ライフスタイルは多様化し、一面では個人の生き方をそれぞれが選びとる時代が始まっている。同時に、新たな格差が生まれ、様々な次元での亀裂や分断が深まっている。社会や歴史に対する意識が揺らぎ、普遍的な理念に対する根本的な懐疑や、現実を変えることへの無力感がひそかに根を張りつつある。そして生きることに誰もが困難を覚える時代が到来している。

しかし、日常生活のそれぞれの場で、自由と民主主義を獲得し実践することを通じて、私たち自身がそうした閉塞を乗り超え、希望の時代の幕開けを告げてゆくことは不可能ではあるまい。そのために、いま求められていること――それは、個と個の間で開かれた対話を積み重ねながら、人間らしく生きることの条件について一人ひとりが粘り強く思考することではないか。その営みの糧となるものが、教養に外ならないと私たちは考える。歴史とは何か、よく生きるとはいかなることか、世界そして人間はどこへ向かうべきなのか――こうした根源的な問いとの格闘が、文化と知の厚みを作り出し、個人と社会を支える基盤としての教養となった。まさにそのような教養への道案内こそ、岩波新書が創刊以来、追求してきたことである。

岩波新書は、日中戦争下の一九三八年一一月に赤版として創刊された。創刊の辞は、道義の精神に則らない日本の行動を憂慮し、批判的精神と良心的行動の欠如を戒めつつ、現代人の現代的教養を刊行の目的とする、と謳っている。以後、青版、黄版、新赤版と装いを改めながら、合計二五〇〇点余りを世に問うてきた。そして、いままた新赤版が一〇〇〇点を迎えたのを機に、人間の理性と良心への信頼を再確認し、それに裏打ちされた文化を培っていく決意を込めて、新しい装丁のもとに再出発したいと思う。一冊一冊から吹き出す新風が一人でも多くの読者の許に届くこと、そして希望ある時代への想像力を豊かにかき立てることを切に願う。

（二〇〇六年四月）

心理・精神医学

子育ての知恵　幼児のための心理学	高橋惠子
モラルの起源	亀田達也
トラウマ	宮地尚子
自閉症スペクトラム障害	平岩幹男
だます心だまされる心	安斎育郎
痴呆を生きるということ	小澤勲
純愛時代◆	大平健
精神病	笠原嘉
やさしさの精神病理	大平健
生涯発達の心理学	高橋惠子・波多野誼余夫
認識とパタン	渡辺慧
人間の限界	霜山徳爾
コンプレックス	河合隼雄
天才	宮城音弥
日本人の心理◆	南博
感情の世界	島崎敏樹

カラー版

カラー版 国芳	岩切友里子
カラー版 北斎	大久保純一
カラー版 知床・北方四島	大泰司紀之・本間浩昭
カラー版 西洋陶磁入門	大平雅巳
カラー版 すばる望遠鏡の宇宙	海部宣男・宮下曉彦写真
カラー版 メッカ	野町和嘉
カラー版 シベリア動物誌	福田俊司
カラー版 ハッブル望遠鏡が見た宇宙	野本陽代・R・ウィリアムズ
カラー版 妖怪画談	水木しげる

自然科学

岩波新書より

地震予知を考える	茂木清夫
科学論入門	佐々木力
ブナの森を楽しむ	西口親雄
無限のなかの数学	志賀浩二
細胞から生命が見える	柳田充弘
からだの設計図	岡田節人
大地動乱の時代	石橋克彦
日本列島の誕生◆	平　朝彦
生物進化を考える	木村資生
宇宙論への招待	佐藤文隆
星の古記録	斉藤国治
分子と宇宙	木原太郎
ニュートン	島尾永康
物理学とは何だろうか 上・下	朝永振一郎
相対性理論入門◆	内山龍雄
大工道具の歴史	村松貞次郎
人間であること	時実利彦
日本人の骨	鈴木　尚
脳の話	時実利彦
人間以前の社会◆	今西錦司
栽培植物と農耕の起源	中尾佐助
動物と太陽コンパス	桑原万寿太郎
生物と無生物の間	川喜田愛郎
生命の起原と生化学	オパーリン 江上不二夫編
ダーウィンの生涯	八杉竜一
科学の方法	中谷宇吉郎
宇宙と星	畑中武夫
数学の学び方・教え方	遠山　啓
現代数学対話	遠山　啓
数学入門 上・下	遠山　啓
無限と連続	遠山　啓
原子力発電	武谷三男編
日本の数学	小倉金之助
物理学はいかに創られたか 上・下	アインシュタイン インフェルト 石原　純訳
零の発見	吉田洋一

(2023.7)

◆は品切，電子書籍版あり．(S2)

岩波新書より

(2023.7)

◆は品切，電子書籍版あり．　(D2)

岩波新書より

金沢を歩く　山出　保
ドキュメント 豪雨災害　稲泉　連
ひとり親家庭　赤石千衣子
女のからだ フェミニズム以後　荻野美穂
〈老いがい〉の時代◆　天野正子
子どもの貧困 Ⅱ　阿部　彩
性と法律　角田由紀子
ヘイト・スピーチとは何か◆　師岡康子
生活保護から考える◆　稲葉　剛
かつお節と日本人　宮内泰介・藤林　泰
家事労働ハラスメント　竹信三恵子
福島原発事故 県民健康管理調査の闇◆　日野行介
電気料金はなぜ上がるのか◆　朝日新聞経済部
おとなが育つ条件　柏木惠子
在日外国人〔第三版〕　田中　宏
まち再生の術語集　延藤安弘
震災日録 記憶を記録する◆　森まゆみ
原発をつくらせない人びと　山秋　真

社会人の生き方◆　暉峻淑子
構造災 科学技術社会に潜む危機　松本三和夫
家族という意志◆　芹沢俊介
ルポ 良心と義務　田中伸尚
夢よりも深い覚醒へ◆　大澤真幸
3・11 複合被災◆　外岡秀俊
子どもの声を社会へ　桜井智恵子
就職とは何か◆　森岡孝二
日本のデザイン　原　研哉
ポジティヴ・アクション　辻村みよ子
脱原子力社会へ◆　長谷川公一
希望は絶望のど真ん中に　むのたけじ
アスベスト 広がる被害　大島秀利
原発を終わらせる　石橋克彦編
日本の食糧が危ない　中村靖彦
希望のつくり方　玄田有史
生き方の不平等◆　白波瀬佐和子
同性愛と異性愛　風間　孝・河口和也
新しい労働社会　濱口桂一郎

世代間連帯　上野千鶴子・辻元清美
道路をどうするか　五十嵐敬喜・小川明雄
子どもの貧困　阿部　彩
子どもへの性的虐待◆　森田ゆり
テレワーク 「未来型労働」の現実　佐藤彰男
反貧困　湯浅　誠
不可能性の時代　大澤真幸
地域の力　大江正章
少子社会日本　山田昌弘
親米と反米　吉見俊哉
「悩み」の正体　香山リカ
変えてゆく勇気◆　上川あや
戦争で死ぬ、ということ　島本慈子
ルポ 改憲潮流　斎藤貴男
社会学入門　見田宗介
冠婚葬祭のひみつ　斎藤美奈子
少年事件に取り組む　藤原正範
悪役レスラーは笑う◆　森　達也
いまどきの「常識」◆　香山リカ

◆は品切，電子書籍版あり．　(D3)

岩波新書より

- 働きすぎの時代◆　森岡孝二
- 桜が創った「日本」　佐藤俊樹
- 生きる意味　上田紀行
- 社会起業家◆　斎藤槙
- 逆システム学◆　金子勝　児玉龍彦
- 男女共同参画の時代　鹿嶋敬
- 当事者主権　中西正司　上野千鶴子
- 豊かさの条件　暉峻淑子
- クジラと日本人　大隅清治
- 人生案内　落合恵子
- 若者の法則　香山リカ
- 自白の心理学　浜田寿美男
- 原発事故はなぜくりかえすのか　高木仁三郎
- 日本の近代化遺産　伊東孝
- 証言 水俣病　栗原彬編
- 日の丸・君が代の戦後史◆　田中伸尚
- コンクリートが危ない　小林一輔
- 東京国税局査察部　立石勝規

- バリアフリーをつくる　光野有次
- ドキュメント 屠場　鎌田慧
- 能力主義と企業社会　熊沢誠
- 現代社会の理論　見田宗介
- 原発事故を問う◆　七沢潔
- 災害救援　野田正彰
- スパイの世界　中薗英助
- 都市開発を考える　大野輝之　レイコ・ハベ・エバンス
- ディズニーランドという聖地　能登路雅子
- 原発はなぜ危険か◆　田中三彦
- 豊かさとは何か　暉峻淑子
- 農の情景　杉浦明平
- 異邦人は君ヶ代丸に乗って　金賛汀
- 読書と社会科学　内田義彦
- 文化人類学への招待◆　山口昌男
- ビルマ敗戦行記　荒木進
- プルトニウムの恐怖　高木仁三郎
- 日本の私鉄　和久田康雄
- 社会科学における人間　大塚久雄

- 女性解放思想の歩み　水田珠枝
- 沖縄ノート　大江健三郎
- 沖縄　比嘉春潮
- 民話　関敬吾
- 唯物史観と現代〔第二版〕　梅本克己
- 民話を生む人々　山代巴
- 米軍と農民　阿波根昌鴻
- 沖縄からの報告　瀬長亀次郎
- 結婚退職後の私たち　塩沢美代子
- ユダヤ人◆　J-P・サルトル　安堂信也訳
- 社会認識の歩み◆　内田義彦
- 社会科学の方法　大塚久雄
- 自動車の社会的費用　宇沢弘文
- 上海　殿木圭一
- 現代支那論　尾崎秀実

(2023.7)

◆は品切，電子書籍版あり．(D4)

岩波新書より

福祉・医療

医の変革　春日雅人編
新型コロナと向き合う　横倉義武
〈弱さ〉を〈強み〉に　天畠大輔
がんと外科医　阪本良弘
医の希望　齋藤英彦編
〈いのち〉とがん　患者となって考えたこと　坂井律子
ルポ 看護の質　小林美希
健康長寿のための医学　井村裕夫
和漢診療学　あたらしい漢方　寺澤捷年
在宅介護　結城康博
医と人間　井村裕夫編
医療の選択　桐野高明
納得の老後　日欧在宅ケア探訪◆　村上紀美子
移植医療　橳島次郎　出河雅彦
医学的根拠とは何か◆　津田敏秀
転倒予防　武藤芳照

看護の力　川嶋みどり
心の病 回復への道　野中猛
重い障害を生きるということ　髙谷清
感染症と文明　山本太郎
医の未来　矢﨑義雄編
パンデミックとたたかう◆　押谷仁　瀬名秀明
介護　現場からの検証　結城康博
腎臓病の話　椎貝達夫
がん緩和ケア最前線　坂井かをり
新型インフルエンザ　世界がふるえる日　山本太郎
児童虐待　川﨑二三彦
生老病死を支える　方波見康雄
医療の値段　結城康博
ぼけの予防◆　須貝佑一
認知症とは何か　小澤勲
障害者とスポーツ　高橋明
放射線と健康　舘野之男
定常型社会　新しい「豊かさ」の構想◆　広井良典

高齢者医療と福祉　岡本祐三
看護　ベッドサイドの光景　増田れい子
医療の倫理　星野一正
腸は考える　藤田恒夫
光に向って咲け　粟津キヨ
リハビリテーション　砂原茂一
指と耳で読む　本間一夫
文明と病気 上・下　H・E・シゲリスト　松藤元訳

岩波新書より

随筆

高橋源一郎の飛ぶ教室　高橋源一郎
江戸漢詩の情景　揖斐　高
読書会という幸福　向井和美
俳句と人間　長谷川　櫂
知的文章術入門　黒木登志夫
人生の1冊の絵本　柳田邦男
レバノンから来た能楽師の妻　梅若マドレーヌ 竹内要江 訳
二度読んだ本を三度読む　柳　広司
原民喜　死と愛と孤独の肖像　梯　久美子
声優　声の職人　森川智之
生と死のことば　中国の名言を読む　川合康三
正岡子規　人生のことば　復本一郎
作家的覚書　髙村　薫
落語と歩く　田中　敦
文庫解説ワンダーランド　斎藤美奈子
俳句世がたり　小沢信男

日本の一文30選　中村　明
ナグネ　中国朝鮮族の友と日本　最相葉月
子どもと本　松岡享子
医学探偵の歴史事件簿 ファイル2　小長谷正明
里の時間◆　芥川　仁 阿部直美
閉じる幸せ　残間里江子
女の一生　伊藤比呂美
仕事道楽 新版 スタジオジブリの現場　鈴木敏夫
医学探偵の歴史事件簿◆　小長谷正明
もっと面白い本　成毛　眞
99歳一日一言◆　むのたけじ
土と生きる 循環農場から◆　小泉英政
なつかしい時間　長田　弘
ラジオのこちら側で◆　ピーター・バラカン
面白い本　成毛　眞
百年の手紙　梯　久美子
本へのとびら　宮崎　駿

ぼんやりの時間◆　辰濃和男
思い出袋◆　鶴見俊輔
活字たんけん隊　椎名　誠
道楽三昧　小沢昭一 神崎宣武 聞き手
文章のみがき方　辰濃和男
悪あがきのすすめ　辛　淑玉
水の道具誌　山口昌伴
スローライフ　筑紫哲也
森の紳士録◆　池内　紀
沖縄生活誌◆　高良　勉
シナリオ人生◆　新藤兼人
怒りの方法◆　辛　淑玉
伝言　永　六輔
四国遍路◆　辰濃和男
嫁と姑　永　六輔
親と子　永　六輔
夫と妻　永　六輔
愛すべき名歌たち　阿久　悠
活字博物誌　椎名　誠

岩波新書/最新刊から

2013 スタートアップとは何か ―経済活性化への処方箋― 加藤雅俊 著

経済活性化への期待を担うスタートアップ。アカデミックな知見に基づきその実態を見定め、「挑戦者」への適切な支援を考える。

2014 罪を犯した人々を支える ―刑事司法と福祉のはざまで― 藤原正範 著

「凶悪な犯罪者」からはほど遠い、社会復帰のために支援を必要とするリアルな姿。司法と福祉の溝を社会はどう乗り越えるのか。

2015 日本語と漢字 ―正書法がないことばの歴史― 今野真二 著

漢字は単なる文字であることを超えて、日本語に影響を与えつづけてきた。さまざまなかたちから探る、「変わらないもの」の歴史。

2016 頼山陽 ―詩魂と史眼― 揖斐高 著

詩人の魂と歴史家の眼を兼ね備えた稀有な文人の生涯を、江戸後期の文事と時代状況のなかに活写することで、全体像に迫る評伝。

2017 ひらがなの世界 ―文字が生む美意識― 石川九楊 著

ひらがな＝女手という大河を遡ってその源流を探り、「つながる文字」の本質に迫る。貫之の名品から顔文字、そしてアニメまで。

2018 なぜ難民を受け入れるのか ―人道と国益の交差点― 橋本直子 著

国際社会はいかなる論理と方法で難民を保護してきたのか。日本の課題は何か。政策研究の知見と実務経験をふまえ多角的に問い直す。

2019 不適切保育はなぜ起こるのか ―子どもが育つ場はいま― 普光院亜紀 著

保育施設で子どもの心身を脅かす不適切行為が後を絶たない。問題の背景を丹念に検証し、子どもが主体的に育つ環境に向けて提言。

2020 古墳と埴輪 和田晴吾 著

三世紀から六世紀にかけて列島で造られた、おびただしい数の古墳。古墳と埴輪の本質と古代人の他界観を最新の研究成果から探る。

(2024. 7)